KB055189

24
Abnormal Psychology

# 의존성 성격장애와
# 회피성 성격장애

민병배 · 남기숙 지음

_ 기대고 싶을수록 두려움도 커진다

학지사

# '이상심리학 시리즈'를 내며

21세기를 살아가는 우리는 급격한 변화와 치열한 경쟁으로 이루어진 현대사회에 적응해야 하는 커다란 심리적 부담을 안고 있다. 이러한 현실 속에서 현대인은 여러 가지 심리적 문제와 장애에 직면하게 될 가능성이 높다.

정신건강에 대한 사회적 관심이 증대되면서, 이상심리나 정신장애에 대해서 좀 더 정확하고 체계적인 지식을 접하고자 하는 사람들이 늘어나고 있다. 그러나 막상 전문서적을 접하게 되면, 난해한 용어와 복잡한 체계로 인해 쉽게 이해하기 어려운 것이 현실이다.

이번에 기획한 '이상심리학 시리즈'는 그동안 소수의 전문가에 의해 독점되다시피 한 이상심리학에 대한 지식을 일반 독자들에게 소개하기 위한 것이다. 이를 위해서 다양한 정신장애에 대한 최신의 연구 내용을 가능한 한 쉽게 풀어서 소개하려고 노력하였다.

'이상심리학 시리즈'는 서울대학교 심리학과 임상·상담 심리학 교실의 구성원이 주축이 되어 지난 2년간 기울인 노력의 결실이다. 그동안 까다로운 편집 지침에 따라 집필에 전념해준 집필자 모두에게 감사드린다. 아울러 어려운 출판 여건에도 불구하고 출간을 지원해주신 학지사 김진환 사장님과 한 권 한 권마다 좋은 책이 될 수 있도록 성심성의껏 편집을 해주신 편집부 여러분에게 고마움을 표한다.

인간의 마음은 오묘하여 때로는 "아는 게 병"이 될 수 있다. 그러나 이러한 우려보다는 "아는 게 힘"이 되어 보다 성숙하고 자유로운 삶을 이루어나갈 수 있는 독자 여러분의 지혜로움을 믿으면서, '이상심리학 시리즈'를 세상에 내놓는다.

2000년 4월
서울대학교 심리학과 교수
원호택, 권석만

## 2판 머리말


한 사람의 성격양식 속에는 그만의 독특한 환경에 적응하기 위한 최선의 몸부림이 배어 있다. 안타까운 것은 그 성격양식이 예전에는 최선의 적응방식이었을지 몰라도 이제 새로운 환경에서는 더 이상 적응적이지 않음을 알지 못하고, 우리는 여전히 예전의 삶의 방식에 집착하며 살아간다는 것이다. 자신의 성장 체험을 통해 형성된, 자신과 세상에 대한 그릇된 인식의 노예로 살면서 옛 모습을 벗어나지 못하는 것은 성격장애의 중요한 한 단면이다.

의존적인 사람은 스스로에 대한 자신이 없어서 자신을 보호해줄 세상 속으로 도피하며, 다른 사람들에게 의존하면서도 이들로부터 언제 거부나 비판을 받을지 몰라 늘 두려워한다. 또한 회피적인 사람은 스스로에 대한 자신이 없어서 자신만의 세계 속으로 움츠러들며, 의존과 친밀함의 욕구가 너무 큰 나머지 거부나 비판이 없는 자신만의 세계로 회피한다. 이

두 유형의 사람은 서로 다른 외형적 특징을 보이지만, 자신에
대한 믿음이 부족하고 타인의 애정과 인정을 통해서만 자기가
치감을 확인하려 한다는 공통점을 지닌다.

우리는 자신이 작고 상대방이 커 보이면 상대방에게 의존
하거나 상대방을 회피하게 마련이다. 그러나 인간은 모두 한
편으로는 연약하지만 한편으로는 우주보다 소중한 존재다.
내가 약한 만큼 상대방도 약하고, 내가 위대한 만큼 상대방도
위대하다. 따라서 다른 사람들 속으로 도피하거나 자기 내면
으로 도피할 필요 없이, 있는 그대로의 자기 모습에 언제나 당
당할 필요가 있다.

정신장애 진단 분류체계가 DSM-IV(1994)에서 DSM-
5(2013)로 새로이 개정됨에 따라 이 책도 초판(2000)에 이어
개정판을 내게 되었다. 이 작은 책이 의존성 성격장애와 회피
성 성격장애에 대한 이해를 돕고, 이로 인해 고통받는 사람들
에게도 도움을 줄 수 있기를 바란다.

2016년

민병배, 남기숙

# 차례

# 의존성
# 성격장애

# 1. 의존성 성격장애란 무엇인가

## 1) 의존의 딜레마

의존은 '남에게 기대는 행위'로서 자율이나 독립과 반대되며, 약간의 차이는 있지만 소속과 애착, 공생의 개념과 맞닿아 있다. 이러한 의존은 거절과 마찬가지로 심리학과 정신의학 분야에서는 상투적인 용어가 되었다.

모든 사람은 어느 정도 의존적이고, 심리치료를 받으러 오는 대부분의 내담자 역시 의존이라는 감정에 대해 어느 정도는 갈등을 가지고 있을 것이다. 만약 스스로 전혀 의존적이지 않다고 생각하는 사람이 있다면, 그는 거짓말을 하고 있는 것이거나 인간 존재를 너무도 모르는 사람일 것이다. 그러나 성취와 성공을 중요시하는 현대사회에서는 의존이라는 단어 자체가 경멸적인 요소를 담고 있을 때가 많은 것

또한 부인할 수 없는 사실이다.

자기심리학self psychology에서는 완전한 독립이란 가능하지도 않고 바람직하지도 않다고 주장한다. 즉, 우리 모두는 자신을 유지하고 자존심을 조절하기 위하여 타인의 인정, 공감, 신임 혹은 존경에 '의존'하고 있는 것이다(이정태, 채영래 역, 2008).

의존은 살아가기 위해서 다른 사람의 존재를 절대적으로 필요로 하는 인간의 생물학적·사회적 조건에 기인한다. 의존과 애착을 포유류의 행동이라고 보는 학자도 있다. 다시 말해, 인간은 태어나는 순간부터 부모의 보살핌을 필요로 하는 의존적인 존재라는 것이다. 인간은 영장류 중 가장 무력하고 혼자서는 도저히 생존이 불가능한 미숙한 상태로 태어난다. 그리고 스스로 독립적인 생활을 할 수 있을 때까지 가장 오랜 양육 기간을 필요로 한다(권석만, 2004; Mahler, Pine, & Bergman, 1975).

기초적인 생물학적 방어력만을 지니고 태어나는 무력한 유아도 보호자와 양육자의 보호본능을 자극하여 자신의 생존을 유지하는 능력을 지니고 있다. 즉, 자기를 보살피는 특정한 사람을 향해 웃거나 그와 떨어지지 않으려 하거나, 낯선 사람을 무서워함으로써 보호본능을 자극하는 것이다. 이러한 행위는 모두 일종의 애착행위로서 보호자를 자기 곁에 오래 머물게 만드는 생물학적 기능을 지닌다(권석만, 2004).

성인이 되면 인간의 의존본능과 애착 동기는 중요한 타인에게서 사랑과 인정을 얻고자 하는 대인 동기로 발전한다. 어린 시절뿐만 아니라 성인이 되어서도 타인에게 거부당하고 버림받는 것은 우리에게 더 없는 좌절과 두려움의 원천으로 작용한다. 우리 모두는 자신을 의미 있는 존재로 경험하고 자부심을 느끼기 위해서 다른 사람의 인정과 공감, 존경 등의 자양분을 필요로 하기 때문이다. 이러한 의미에서 우리 모두는 다른 사람에게 의존적이라고 할 수 있다(권석만, 2004; 이정태, 채영래 역, 2008).

이와 같은 의존의 형태는 모두 생물학적 · 심리학적으로 적절한 의존 형태다. 그러나 자신과 타인이 독립적인 존재라는 전제를 폐기한 채 전적으로 타인에게서 자기 생존의 필수 자양분을 얻으려 한다면, 그때는 병적인 의존 상태에 빠지게 된다. 이것이 순수한 성격적 형태로 나타나는 것이 의존성 성격장애다. 의존성 성격을 지닌 사람은 두 사람이 마치 하나의 공생체인 것처럼 생각하는 심리적 미분화의 상태에 머물러 있다. 이러한 심리 상태가 미발달되고 지속되어 만성적으로 굳어지면 병리적 의존 상태가 된다.

따라서 의존은 인간의 보편적이고 근본적인 존재 조건인 동시에, 이것이 어떻게 해결되고 좌절되는가에 따라서 다양한 성격장애 및 심리장애를 나타낼 수 있다(이정균, 2000). 이 책에서는 그러한 대표적인 예로서 의존성 성격장애를 논하려 한다.

### 자신과 세상에 대한 믿음의 균형

의존이 자신이 존재하기 위해서 다른 사람의 존재를 필요로 하는 것을 의미한다면, 이는 한편으로 다른 사람에게 기대는 것이고, 다른 한편으로 내가 기대야 할 다른 사람의 존재를 중시하는 것이다. 과연 인간은 다른 사람에게 의존하지 않고 혼자 살아갈 수 있는가?

다른 사람의 존재 없이는 살아갈 수 없는 것이 인생의 진리라면, 의존은 인간이 살아가기 위해서 없어서는 안 될 필수적인 요소다. '타인을 포함한 세상은 나에게 따뜻하고 호의적이어서 필요할 때 내가 도움을 받을 수 있는 곳이다'라고 믿는 사람은 세상에 대한 믿음이 든든하기 때문에 역경에 처해도 이를 무난히 극복해 나갈 수 있다. 이런 의미에서 본다면 의존이란 세상에 대한 믿음의 표현이다.

그러나 세상에 대한 믿음만 존재하고 자신에 대한 믿음이 없는 사람의 모습은 어떠할까? 문제는 자신과 타인 간의 힘의 불균형에 있다. 자신은 작게 보이고 타인은 크게 보이는 데서 문제가 나타나기 시작하는 것이다. 이들은 의존성의 정도가 지나쳐서 혼자서는 좀처럼 아무것도 하지 못하고, 뭔가를 하기 위해서는 자신보다 크다고 생각하는 타인에게 의존해야 한다. 또한 자신이 살아가기 위해서는 타인의 존재가 필수적이라고 느끼기 때문에 타인의 감정을 상하게 하지 않으려고 노력한다. 타인의 감정을 해치지 않기 위해서 타인이 원하는 대로만 살려고 하고 좀처럼 자기를 내세우지 않는다. 이것은 바로 의존적인 성격을 지닌 사람의 핵심적인 모습이라고 볼 수 있다.

한편, 독립獨立이란 문자 그대로 홀로 서는 것이다. 독립은 자율과도 통하는데, 자율自律이란 스스로가 법이 된다는 말이다. 결국 독립과 자율은 자신에 대한 믿음의 표현이다. 나아가 독립과 자율은 자신에 대한 신뢰를 바탕으로 스스로 결정하고 자신의 힘에 의지하여 행동하는 것이다. 나와 너는 궁극적으로 서로 구분되는 존재이며 결국 자신을 도울 사람은 바로 자기 자신인 것이 인생의 또 하나의 진리라면, 독립과 자율은 인간이 살아가는 데 없어서는 안 될 또 하나의 필수 요소다.

그러나 자신에 대한 믿음만 존재하고 세상에 대한 믿음이 없다면 어떻게 될까? 우리는 주변에서 독립적이다 못해 다른 사람에게 어떠한 부탁이나 요구도 하지 않고, 사람들의 호의적인 도움마저 거부하고 사는 사람을 종종 볼 수 있다. 이들은 역경에 처해도 자신의 힘만으로 이를 극복하려 한다. 또 어떤 사람은 다른 사람과 세상을 전혀 믿지 않기 때문에 이 험한 세상에서 고독한 늑대처럼 살아가기도 한다. 세상 어느 누구도 자신을 도와주기는커녕 자신을 해칠지 모른다고 믿기 때문에 이들에게는 오직 자신만이 중요할 뿐 다른 사람의 존재는 전혀 중요하지 않다. 이처럼 다른 사람이 느낄 고통에는 아랑곳하지 않고, 폭력과 사기를 동원해서라도 이 거친 세상을 홀로 헤쳐나가려 한다.

흔히 이들이 보이는 모습을 독립적이라고 표현한다. 그러나 이들의 모습은 참된 의미에서의 독립이 아닌 가짜 독립 pseudo-independence일 뿐이다. 외양으로만 독립의 모습을 띨 뿐 참된 독립의 모습은 아니기 때문이다. 어쩌면 이들은 내면 깊은 곳에서 의존에 굶주리고 목말라하고 있는지도 모른다. 결코 충족할 수 없을 것 같은 의존 욕구를 철저히 부인하고 더더욱 자신에게만 매달리고 있는 것일 수도 있다.

진정한 독립은 의존을 거쳐서 나타난다. 즉, 충분한 의존 없이는 진정한 독립으로 나아갈 수 없다. 세상에 대한 믿음 없이는 자신에 대한 믿음을 키워갈 수 없다. 아이들은 부모에 대한 든든한 믿음을 바탕으로 조금씩 자신의 힘을 키워나간다. 세상에 대한 믿음을 바탕으로 점차 자신에 대한 믿음을 키워가는 것, 이것이 진정한 의미의 독립이 이루어지는 과정일 것이다.

이 세상을 살아가기 위해서는 독립도 필요하고 의존도 필요하다. 즉, 자신에 대한 믿음도 필요하고 세상에 대한 믿음도 필요한 것이다. 그런데 어떤 부류의 사람들은 타인에게 자신의 존재를 맡기고 타인에게만 의존하여 살아가려고 하며, 또 어떤 부류의 사람들은 타인에게 자기 존재의 일부를 맡길 줄 모르고 자기 자신에게만 의지하여 살아가려고 한다. 사실상 인간의 수많은 성격양식과 정신병리는 이러한 2가지 스펙트럼 상에 존재한다고 해도 지나친 말은 아닐 것이다. 또한 자신에 대한 믿음과 세상에 대한 믿음의 불균형이 심할수록 그만큼 병리 현상도 심하게 나타날 것이다. 만일 참된 의미의 독립이 존재할 수 있다면, 이는 타인에 대한 믿음과 자신에 대한 믿음을 모두 겸비할 때 비로소 가능할 것이다.

이러한 의미에서 참된 독립은 '상호 의존'과 통하는 개념이다. 참된 독립은 각자 독립적이면서도 서로 기댈 수 있는 상호 의존으로 나아가게 만든다. 참된 독립 혹은 상호 의존은 내가 중요한 만큼 다른 사람도 중요하게 여길 줄 아는 것이다. 나 자신만 사랑하거나 나 아닌 이웃만을 사랑하는 것이 아니라 내 이웃을 내 몸과 같이 사랑하는 마음을 지니고 사는 것이다. 다시 말해, 독립적이고 자율적으로 행동하면서 서로 기대고 함께 더불어 살아야 할 타인의 필요성도 인정하며 사는 것이다. 상호 자율적이면서 상호 의존적인 모습 속에는 자신에 대한 믿음과 타인에 대한 믿음이 잘 조화되어 나타난다.


## 2) 의존성 성격장애의 개관

미국정신의학회American Psychiatric Association: APA에서 발간한 『정신장애의 진단 및 통계 편람-제5판Diagnostic and Statistical Manual of Mental Disorders: DSM-5』(2013)에서는 의존성 성격장애 dependent personality disorders를 의존의 정도가 지나쳐서 거의 병적인 상태에 이른 이상 성격으로 규정한다. DSM-5와 함께 대표적인 진단 분류체계로서 세계보건기구World Health Organization: WHO가 정한 ICD-10International Classification of Diseases and Related Health Problems(1992) 역시 DSM-5와 비슷한 입장을 취하고 있다.

누구나 인간인 이상 완전히 독립적일 수 없다. 그보다는 어느 정도 자율적이고 어느 정도 의존적이라고 하는 것이 진실에 더 가까울 것이다. 그러나 의존성 성격장애를 지닌 사람은 독립과 의존의 두 축의 균형이 심각하게 깨져서 자신은 거의 노력하지 않고 타인의 도움과 보살핌에만 의지하려는 경향을 지닌 사람이다. 이들은 스스로 어떠한 결정도 내릴 수 없으며 언제나 다른 사람의 위안이 필요하고 자기확신과 자신감이 매우 부족하다(Millon & Davis, 1996).

의존성 성격장애를 지닌 사람은 다른 사람들이 자신을 이끌어주고 보호해주고 양육해주기를 바란다. 단순히 바라는 정도가 아니라 그렇게 해줄 대상을 필요로 한다. 이들은 그렇게 해주는 대상이 존재하는 한 제대로 기능할 수 있지만, 그렇게 해주는 대상이 없으면 심각한 심리적 혼란 상태를 벗어나지 못한다.

대상object이라는 말은 심리학적으로 복잡한 의미를 지닌다. 대상은 본래 자기와 독립된 타자를 지칭하는 말이지만 일반적으로 생의 초기에 우리가 스스로 여러 가지 욕구를 충족시킬 수 없을 때 이를 대신해주는 어머니나 보호자와 같은 사람들에 대해서 사용한다. 또한 성인이 되어서 정서적 욕구를 만족시키기 위해 필요로 하는 사람에 대해서도 대상이라는 말을 사용한다. 엄밀히 말하면, 이렇게 자기의 신체적 · 정서적 생존을 위하여 필요로 하는 대상을 자기대상self-object이라고 한다. 자기의 성장과 발달이라는 관점에서 보면, 타인이란 자기와 무관한 사람이 아니고 어느 정도는 자기의 욕구와 필요에 반응하는 사람이다. 따라서 어떤 의미에서는 자기대상이란 '사람' 이 아니고 자신의 존재를 감싸주고 확인시켜주는 하나의 '기능' 이라고 볼 수 있다(이정태, 채영래 역, 2008).

신체적 생존을 위해 산소가 필요하듯이, 정서적 생존을 위해 우리는 주위에서의 자기대상을 필요로 한다. Kohut(1971)는 이러한 열망을 버려야 한다는 주장에 대해서 위선이라고까지 표현하였다. 사람이 타인의 존재와 그들의 인정, 도움, 승인에 의존하는 것은 너무나 인간적인 현실이며, 자기대상에 의존하는 것을 병리적으로 볼 것인가는 단지 정도의 문제라는 것이다(이정태, 채영래 역, 2008).

그러나 의존성 성격장애라고 규정하는 경우는 이러한 의존의 정도가 지나쳐서 최소한의 심리적 독립조차 포기하려고 하는 사람의 경우를 가리킨다. 이들은 삶의 중요한 역할과 기능을 대신해주고 도와주는 대상이 존재하는 한 제대로 기능할 수 있지만, 그렇게 해주는 대상이 없으면 심각한 심리적 혼란상태에 빠지고 마는 사람이다.

이들이 그토록 대상을 원하는 중요한 이유 중 하나는 스스로 위안 혹은 만족을 얻거나 자기가치감을 원만히 조절할 수 없기 때문이다. 이들의 마음속에는 깊숙한 열등감이 내재해 있고, 이로 인해 초래되는 자기가치감의 결손이 너무나 크기 때문에 스스로는 자기 존재에 안심하지 못한다. 오로지 타인이 자기를 지지해주고 인정해줄 때만 자신에 대해 안심할 수 있으며 비로소 자기가치감을 느낄 수 있다. 이들은 인간적 생존에 꼭 필요한 자양분을 오직 외부로부터만 받게 되는 것이다(Millon & Davis, 1996).

이러한 자양분을 제공하는 의미 있고 중요한 사람과의 관계를 깨지 않기 위해서 이들은 특징적으로 극도의 수동적인

태도를 취한다. 타인의 요구에 부응하고 이를 거스르지 않으
며 항상 타인을 기쁘게 해주려고 노력한다. 또한 고분고분하
고 순종적이며 자기 의견을 주장하지 않는다. 이런 장애를 가
진 사람은 배우자가 자기를 버릴까 봐 두려워 심각한 학대나
모욕까지도 감수하곤 한다(이정균, 2000).

이들이 이렇듯 타인에게 의존적인 데에는 '버림받는 것에
대한 과도한 공포'가 내면에 자리 잡고 있기 때문이다. 소외
와 외로움을 피하고 대상을 잃지 않기 위해서 고분고분해지는
것은 물론 심지어 모욕까지도 감수한다. 누구나 소외되는 것
은 두렵고 불안한 일이겠지만 이들이 느끼는 공포는 거의 절
대적인 것으로, 마치 유아기에 느끼는 감정과 비슷하다. 이렇
게 절대적인 공포를 느낀다면 누구나 타인의 반대, 무관심 혹
은 비판을 견디고 홀로 서기 어렵겠지만, 이들의 문제는 아주
사소한 일에도 그러한 절대적인 공포를 느낀다는 것이다(이정
태, 채영래 역, 2008).

이들은 심지어 살아가면서 부딪히는 매번의 책임이나 경쟁
에 홀로 직면하는 데에도 그러한 공포를 느낀다. 따라서 판단
과 책임을 요하는 직책을 감당하기 어려워하고, 이러한 과제
로부터 자신을 보호해주거나 책임을 면제해줄 수 있는 누군가
를 찾아 헤맨다. 흔히 유능하고 강한 사람을 의존의 대상으로
택하는 경향이 있으며, 이러한 대상을 과대평가하고 이상화

하고 우상화하면서 상대방에게 접근한다(Millon & Davis, 1996).

물론 자신에게 필요한 사람을 찾고 그에게 다가가서 실제적인 인간관계를 맺는 것을 하나의 능력으로 볼 수도 있다. 그러나 흔히 이렇게 의존적인 인간관계는 상대방에게 큰 심리적 부담을 준다. 그 자신의 특정한 욕구로 인해 보호자 역할을 자처하고 싶어 하는 상대방을 만나서 서로 보호자-수혜자의 역할을 하며 사회적 공생관계를 이루는 경우를 제외하면, 이러한 보호자-수혜자의 불평등한 인간관계를 지속적으로 감당해 줄 수 있는 사람은 거의 없다. 이는 오로지 심리치료를 통해서만 극복할 수 있는 문제로, 치료를 도외시하면 그들은 평생 대상 찾기의 운명 속에 놓이기 십상이다(권석만, 2013; Mentzos, 1984; Millon & Davis, 1996).

## 3) 의존성 성격장애의 역사적 고찰

정신장애 문헌에서 의존성 성격장애를 언급한 것은 현대 정신의학의 원조인 Kraepelin과 Schneider 때부터다. Kraepelin은 이러한 사람들을 '무기력한 유형'이라고 보았고, Schneider는 '의지박약'이라고 보았다. 이와 같은 명명에서 짐작할 수 있듯이, 20세기 초에는 의존성 성격의 수동성,

무력함, 유순함 등의 특성을 도덕 발달의 실패 혹은 도덕적 결함으로 간주하였다.

좀 더 후에 정신분석학이 대두되면서 Freud와 Abraham 같은 초기 정신분석학자는 이전의 도덕적 견해에서 탈피하여 의존성 성격을 발달적 고착의 문제로 보았다. Freud는 인간이 심리성적 발달단계에 따라 성숙한다고 보았다. 이때 '성적 sexual' 이라는 표현은 어른의 성생활 같은 성기 중심의 자극과 쾌락이 아닌 몸이 자극받아 느끼는 즐거움을 가리킨다. Freud에 따르면 이러한 감각에 특히 예민한 신체 부분은 처음에는 입이었다가 점차 항문에서 성기로 옮겨간다. 이 각각의 단계를 가리켜 구강기oral stage, 항문기anal stage, 남근기phallic stage라고 부르며, 이러한 단계가 5세 말까지 진행되다가 이후 잠복기에 들어간다. 그리고 이러한 잠복기latent stage가 지난 후 사춘기에 어른의 성생활과 같은 생식기genital stage가 다시 꽃피게 되는 것이다(윤순임, 1995; 홍숙기, 2000).

Freud의 심리성적 발달 이론에 따르면 이러한 각 단계에서의 개인적 경험에 따라 개인의 심리적 발달과 성격 형성에 결정적 자취가 남는데, 의존성 성격장애를 지닌 사람은 맨 첫번째 단계인 구강기에서 지나친 만족이 나타나거나 반대로 지나친 결핍이 존재함으로써 구강기적 성격에 고착된 사람이라는 것이다. Abraham은 구강기적 성격을 다음과 같이 묘사하였다.

> …이들은 아마도 빠는 것을 전혀 방해받지 않았거나 매
> 우 즐겼던 것 같다. 이러한 행복한 경험은 이들에게 후일 모
> 든 일이 다 잘 될 거라는 깊은 신념을 심어준 것 같다. 이들
> 은 절대 흔들리지 않는 낙관주의를 지니고 있으며, 실제로
> 이는 성취에 도움이 되기도 한다. 그러나 그중에는 환영하
> 지 못할 만한 유형의 사람도 있다. 이들은 어딘가에 자신을
> 항상 어머니 같이 보살펴주고 자신이 필요로 하는 모든 것
> 을 제공하는 사람이 있다고 믿는다. 이러한 낙관적인 믿음
> 때문에 이들은 아무것도 하지 않는 것 같다. 이들은 아무 노
> 력도 하지 않고, 심지어는 밥벌이에 필요한 직업도 갖지 않
> 는다(Millon & Davis, 1996 재인용).

정신분석학이 좀 더 다양한 논의를 거치고 여러 학자가 새
로운 개념을 제창하면서 의존성 성격장애는 다른 개념으로 파
악되기 시작하였다. 신프로이트학파의 한 사람으로서 후일
대인관계 심리학(interpersonal psychology)이라는 분야를 개
척한 Sullivan은 '부적절한 성격'이라는 명칭으로 이들을 기
술하였다. Sullivan이 설명한 부적절한 성격의 소유자는 지배
적인 부모 밑에서 복종적인 어린 아이로 자라 평생 자신의 결

정을 대신해줄 강력한 타인을 찾아 헤매는 사람이다.

또 다른 신프로이트학파 학자인 Horney는 '복종적 유형'
이라는 용어로 이들의 특징을 포착하였다. Horney가 말하는
복종적 유형은 사랑과 동의에 대한 욕구가 특출나고, 친구나
애인 혹은 남편이나 아내 등과 같이 자기 인생의 모든 기대를
충족시켜주며, 선악의 모든 책임을 대신해주는 대상에 대한
욕구가 특별한 사람이다.

정신분석가이면서 실존철학자로서 사랑과 소외에 대한 논
구로 우리에게 친숙한 Fromm은 '수용적 성격'이라는 용어로
이들을 특징지었다. Fromm이 말하는 수용적 성격의 소유자
는 모든 좋은 것은 바깥에 있다고 생각하는 사람으로서 물건,
사랑, 지식, 즐거움 등 자신이 원하는 모든 것은 바깥에 있고
그것을 얻는 유일한 방법은 바로 바깥으로부터 받는 것이라고
믿는 사람이다.

의존성 성격장애는 이러한 역사적 논의를 거쳐 1950년대에
DSM-I(1952)이 마련됨에 따라 처음으로 문헌에 등장한다.
DSM-I에서는 의존성 성격장애를 수동공격성 성격장애passive-
aggressive personality disorders의 수동의존적 하위유형으로만 언급
하고 있는데, 환경적인 좌절에 직면했을 때 부적절하게 매달
리는 특징을 보이는 것으로 간단히 기술하였다. DSM-II
(1968)에서는 의존적 성격의 범주가 아예 누락되고 이와 가장

가까운 범주로서 '부적합inadequate 성격장애'가 제시되었다
가, DSM-Ⅲ(1980)에서 복원되면서 현재의 명칭인 의존성 성
격장애로 자리 잡게 되었다. 이는 연극성 성격장애의 진단 기
준의 특징인 능동의존성 유형에 대비되는 진단으로 수동의존
성 유형의 성격장애가 필요하였기 때문이다(민병배, 유성진
역, 2009).

DSM-Ⅲ에서는 의존성 성격장애에 대해 단지 3개의 진단
기준만을 제시하고 있어서 너무 애매하고, 제시한 사례에서
도 여성에게 이 장애가 더 많다는 암시를 함으로써 지나치게
편협하다는 비판을 받았다. 이에 따라 DSM-Ⅲ-R(1987)에서
는 진단 기준을 9개로 늘렸고, 사례를 보완하여 성별에 따른
편견을 어느 정도 교정하였다. 이 진단이 실제로 여성에게 더
많이 적용되고 있을지라도, 이러한 사실 자체는 남성에 비해
여성이 더 의존적일 수밖에 없는 문화권 안에서의 성에 대한
고정관념과 관련이 있을 것이라는 의견이 존재한다(이정태,
채영래 역, 2008).

의존성 성격장애의 DSM-Ⅳ(1994) 진단 기준에 있어서의
주된 변화는 회피성 성격장애나 경계선 성격장애와 같은 축
Ⅱ 진단 내 다른 성격장애 진단과의 중복을 줄이도록 고안되었
다는 것이다. 새로운 기준에서는 이러한 환자들이 보호받고
자 하는 지나친 욕구와 애착을 유지하기 위하여 매달리거나

복종하는 행동을 나타낸다는 것을 강조하고 있다. 아울러 회
피성 성격장애 및 경계선 성격장애와 구별하기 위하여 적극적
으로 관계를 유지한다는 측면을 부각시켰다.

DSM-5(2013)에서는 DSM-IV의 진단 기준을 변화 없이 그
대로 유지하고 있다. DSM-5에서 제시하는 의존성 성격장애
진단 기준은 다음 표의 내용과 같다.

 **의존성 성격장애 진단 기준** (DSM-5; APA, 2013)

지나친 보호 욕구로 인해 복종적이고 매달리는 행동과 분리
공포가 나타나며, 성인기 초기에 시작되고 여러 상황에서 나타
나며, 다음 중 최소한 5개 이상의 특성이 나타나야 한다.

1. 다른 사람으로부터 과도한 정도의 조언이나 위안이 없이
   는 매일의 결정을 내리기 어렵다.
2. 자기 인생의 매우 중요한 영역까지도 대신 책임져줄 수
   있는 타인을 필요로 한다.
3. 지지와 승인을 상실할까 봐 두려워하여 타인의 의견에
   반대하지 못한다(단, 보복에 대한 현실적인 두려움은 포
   함되지 않는다).
4. 스스로 어떤 일을 시작하거나 수행하기가 어렵다(동기나
   활력이 부족해서가 아니라 판단과 능력에 자신이 없기
   때문이다).
5. 타인의 보살핌과 지지를 얻기 위하여 불쾌한 일까지 자

원해서 한다.

6. 스스로는 잘해나갈 수 없다는 과도한 공포로 인하여 혼자 있으면 불편하거나 무기력하게 느낀다.

7. 어떤 친밀한 관계가 끝났을 때 보살핌과 지지를 얻기 위하여 또 다른 관계를 애타게 찾는다.

8. 스스로 자신을 돌봐야 하는 상황에 처할지도 모른다는 두려움에 비현실적으로 집착한다.

## 4) 의존성 성격장애의 특성

이 절에서는 의존성 성격장애의 진단 기준에 나타난 특성을 영역별로 보다 자세히 기술해보기로 한다(민병배, 유성진 역, 2009; Adams & Cassidy, 1993; Blashfield & Davis, 1993; Millon & Davis, 1996; Oldham & Morris, 1995).

### (1) 대인관계 양상

의존성 성격장애를 지닌 사람을 이해하기 위한 핵심적인 열쇠가 되는 영역은 아마도 대인관계 영역일 것이다. 다른 사람들은 이들의 존재 목적이자 이유이기 때문이다. 이들은 자신의 삶을 통해 다음과 같이 얘기한다. "당신만 행복하다면 나는 항상 행복해요." 이들은 자신에게 중요한 주변 인물들을 기쁘게 하기 위해 자신을 희생한다. 이들은 당신의 생일을 늘 기억하고 챙기는 사람이요, 당신이 입원했을 때 제일 먼저 병실에 달려오는 사람일 수 있다. 자신의 욕구는 없고 다른 사람들이나 집단 또는 지도자의 욕구가 곧 자신의 욕구가 된다.

이들이 가장 싫어하는 것은 다른 사람들과의 갈등이다. 이들은 대인관계에서의 마찰을 피하기 때문에 외현적으로는 비교적 원만한 대인관계 양상을 보일 수 있다. 이들이 맺는 대인관계는 권력투쟁으로부터 늘 자유롭다. 그러나 이러한 원만한 관계는 이들이 보이는 수동적이고 복종적인 태도를 통해 달성할 수 있다. 이들은 다른 사람들의 기분을 상하게 하지 않기 위해 자신의 개성과 자율성을 포기한다. 그렇게 하는 이유는 다른 사람만이 문제를 해결해나가는 힘과 능력을 지니고 있다고 생각하고, 그에게 의존함으로써만 자신의 생존을 유지할 수 있다고 생각하기 때문이다.

따라서 이렇게 절대적인 다른 사람과 애착관계를 형성하기 위하여 이들은 자신의 개성을 무시하고, 독자성을 인정하지 않으며, 자기의 힘을 절대로 드러내지 않는다. 대신 상대방을 기쁘게 하기 위해서 상대방에게 아첨하고, 복종적이고 자기비하적인 모습을 보인다. 그렇게 함으로써 타인에게서 자신이 바라는 힘과 보호를 이끌어내는 것이다.

그러나 이들의 의존 욕구를 영원히 충족시켜줄 수 있는 사람은 지구상에 존재하지 않을지도 모른다. 기생충과 숙주의 관계 같은 일방적인 의존관계가 자연계에는 존재하지만, 인간관계에서는 지속되기가 쉽지 않다. 상대방은 시간이 지날수록 주도성과 자율성이 결핍된 이들의 모습에 싫증을 느낄 수도 있다. "오늘 저녁에는 무엇을 먹을까?"라는 질문에 대해 의존적인 사람들은 다음과 같이 대답하곤 한다. "당신이 좋아하는 것이면 저는 아무거나 다 맛있어요." 상대방은 은근히 짜증이 나기 시작한다. "아니, 내가 먹고 싶어 하는 것 말고 당신이 먹고 싶은 게 도대체 뭐냐니까?" 이와 같이 이들의 과도한 의존은 시간이 지날수록 상대방에게 부담을 주기 십상이다.

또한 이렇게 타인에게 의존적일수록 더 쉽게 타인의 공격이나 거부의 표적이 될 수도 있으며, 심지어 특정한 부류의 사람은 이들의 복종과 희생, 헌신적인 태도를 이용하고 학대하기까지 한다. 이러한 이용과 학대 때문에 의존적인 사람들의 마음속에는 분노가 쌓일 수 있지만, 이들은 그러한 분노를 억제하고 또 다시 타인에게 굴복하곤 한다.

### (2) 자아상

다른 사람들은 흔히 의존적인 성격의 소유자를 친절하고, 사려 깊고, 협동적이고, 관대하고, 겸손하고, 야망과 포부가 적은 사람으로 본다. 그러나 이들과 깊이 사귀어본 사람이라면 이들의 기저에 존재하는 열등감을 쉽게 알아차릴 수 있다.

이들은 스스로를 약하고 무력하며 부적절한 사람으로 여긴다. 특히 누군가에게 버림을 받거나 혼자가 된다면, 이는 거의 죽는 것과 다름없다고 생각한다. 그렇게 극한 상황이 아니라도 다른 사람들이 지도하고 감독해주지 않으면 일상적인 일조차 할 수 없다고 생각하고, 자기에게는 그런 일을 감당할 만한 능력이 없다고 여긴다. 이들은 자기 자신에 대해 무언가를 책임지는 자리와는 어울리지 않으며 보호와 지지가 필요한 사람이라고 본다.

이들은 자신은 작고 상대방은 크다고 지각한다. "그대 앞에만 서면 나는 한없이 작아지는" 것이다. 또한 자기보다 강한 타인과의 애착을 통해서 자신에게 결핍되어 있다고 느끼는 힘과 자존감을 획득하려 한다. 따라서 이들은 혼자가 되는 것을 가장 두려워한다. 이들이 자신을 주장하지 않는 이유는 버림받거나 혼자가 되는 것이 두렵기 때문이다. 유행가 가사처럼, "사랑 때문에 침묵해야 할 나는 당신의 사람"임을 무언중에 삶을 통해서 드러내는 것이다.

### (3) 감정 표현 양상

의존적인 사람들은 대체로 명랑한 기분을 드러낸다. 그러나 명랑하고 화사한 가면 뒤에는 고통에 일그러진 얼굴을 은폐하고 있는지도 모른다. 혼자 있을 때면 얼굴에 우울한 그림

자가 드리우는 경우도 많다. 그러나 그 순간에 누군가가 오면 이들의 얼굴에는 갑자기 맑고 밝은 함박 미소가 피어난다. 이들은 누구에게든 자신의 어두운 감정을 드러내려 하지 않는다. 이러한 감정이 다른 사람에게 부담을 줄 수도 있고 관계를 해칠 수도 있다고 생각하기 때문이다. 이들은 사랑의 감정을 표현하는 데 특별한 재주가 있는 것처럼 보인다. 그러나 분노, 적개심 등의 부정적인 감정은 좀처럼 드러내지 못한다. 분노를 느끼지 못하는 경우도 많고, 설사 분노를 느낀다고 해도 이를 직접적으로 표현하지 않는다. 따라서 이들의 내면에는 억압된 분노가 내재해있는 경우가 많다.

또한 이들은 누군가와 애착되어 있을 때에는 편안한 모습을 보이지만, 막상 관계에서 문제가 생기기 시작하면 불안해하고 걱정하는 모습을 보이며, 버림받았다거나 혼자라고 느낄 때면 우울한 감정을 드러낸다.

### (4) 인지적 양상

이들의 세계관은 한마디로 '막연한 낙관주의'라고 표현할 수 있다. 이들은 '긍정적 세계' 속에 갇혀 있는 것 같다. 자신과 타인에 대한 지각이 비좁은 영역으로 제한되어 있으며, 고달픈 인생사에 대해 진지하게 생각해보지 않은 채 '모든 게 잘될 거야'라는 식으로만 생각한다. 이들이 생각하는 결말은 동

화 같은 해피엔딩이다. 이들은 사물의 좋은 부분만을 보려고
하며, 매사를 긍정적으로만 인식하려고 하기 때문에 자신과
세상의 어둡고 부정적인 측면은 외면하거나 부인하려고 한다.
이러한 의미에서 이들의 사고방식은 분리되어 있고, 어느 한
쪽만을 지향하고 있으며, 통합에 실패하고 있다고 말할 수 있
을 것이다.

### (5) 일과 직업

의존성 성격장애를 지닌 사람은 윗사람을 기쁘게 하는 사
람일 수 있다. 이들은 경쟁적이지 않고 협조적이며 요구나 명
령에 따라 일을 성실하게 수행하는 사람이기 때문이다. 그러
나 이들은 주도성과 자율성을 요구하는 일에서는 윗사람을 성
가시고 짜증나게 만드는 사람일 수도 있다. 스스로 알아서 하
지 못하고 사소한 일이라도 어떻게 해야 하는지를 묻기 때문
이다.

이들은 윗자리에 오르는 것을 편안해하지 않는다. 윗사람
이 되었을 경우에 이들은 아랫사람을 보살피고 격려하면서 친
화성 있는 지도력을 발휘한다. 이들은 일하는 공간을 즐겁고
따뜻한 곳으로 만들려고 하며, 아랫사람이 해온 일에 대해서
칭찬과 감사를 아끼지 않는다. 그러나 중요한 결정을 눈앞에
두고는 핵심 구성원들에게 은근히 의존하는 경향을 보인다.

또한 아랫사람의 반응에 지나치게 신경을 쓴 나머지 명령이나 지시 등의 적절한 권위를 행사하지 못하기 때문에 조직의 목표를 향해 일을 추진해가는 데 상당한 곤란을 겪을 수도 있다.

이들은 많은 경우 사회적 지위가 점차 하락하는 경향이 있고, 능력과 재능이 상대적으로 감소하기도 한다. 누군가가 세세히 지도하고 감독해주는 한 수동적인 범위 내에서 직무를 잘 완수하기도 하지만, 더 이상의 책임과 적극성이 요구되는 직무를 감당할 수 없기 때문에 흔히 자기계발 및 직업 유지에 실패하기도 한다. 이것은 다시 이들의 자아상을 확인하는 증거로 작용하여 더욱더 비참한 악순환의 고리를 형성할 수도 있다.

### (6) 대상표상

이들의 내면에 있는 중요한 대상표상object-representation은 비록 유아기적 수준은 아니라 하더라도 아동기적 성격이 짙다. 즉, 중요한 인간관계를 아동기 때의 미분화된 감정, 사고 및 세계관을 가지고 바라보는 것이다. 이들은 대체로 성인 대 성인의 관계가 아닌 부모와 자녀의 관계로 인간관계에 참여하는데, 불안하고 안심이 안 될 때는 더욱더 이러한 내적인 틀이 활성화된다.

의존성 성격장애와 경계선 성격장애를 구분하는 기준으로

이들의 대상항상성을 주장하는 의견도 있다. 의존성 성격장애 환자와 경계선 성격장애 환자 모두 버려지는 것을 두려워하기 때문에 의미 있는 타인에게 매달리고 의존 대상이 눈앞에 없으면 상실감을 느끼는 점에서 유사하다고 할 수 있다. 그러나 흔히 분리와 이별에 대하여 경계선 성격장애 환자들은 매우 충동적이고 자기 파괴적인 행동을 보이면서 공황적인 반응을 보이는 데 비해 의존성 성격장애 환자들은 이렇게 극적인 반응을 보이는 경우가 흔치 않다. 이들은 그저 가만히 앉아서 울고만 있는 경우가 더 많다. 이러한 차이점은 의존성 성격장애 환자의 발달력에서 대상항상성이 더 많이 발달해있음을 시사하는 증거다(이정태, 채영래 역, 2008).

### (7) 방어기제

#### ① 내사

의존성 성격장애를 지닌 사람은 무의식적으로 자신이 완전히 무능하다고 생각하는데, 이러한 생각은 자기 자신을 황폐화시킬 수 있다. 따라서 이러한 과정은 내사introjection라는 심리기제로 인해 차단되고 방어된다. 내사는 자신이 동일시하는 특정한 사람의 생각과 가치를 그대로 자기 자신에게 받아들이는 심리 과정이다.

내사를 통해서 이들은 흔히 강하고 유능하다고 생각하는 사람과 자신이 거의 하나라든지 자신을 그의 일부라고 느낀다. 자신이 그에게 융합 혹은 소속되어 있고 그의 속성을 공유한다고 느끼기 때문에 자신의 무능력이 야기하는 불안을 피할 수 있다. 이는 일종의 환상이지만, 이들은 자신이 동일시하는 사람의 힘을 공유한다는 환상을 통해 스스로를 조절하고 자존심을 고양한다.

② 부인

부인denial은 무엇보다도 폴리아나pollyana: 극단적 낙천주의자식 사고방식에서 발견할 수 있다. 이들은 대인관계의 긴장과 불편함을 견디지 못해서 항상 문제를 덮는 데만 급급하다. 가장 위협이 되는 것은 스스로의 적대적 충동이다. 죄책감, 공격성, 미움 등은 모두 의존성 성격장애를 지닌 사람이 감당하기 어려운 것으로서, 이들은 마음의 평안을 얻기 위하여 자신이 경험하는 감정을 부인한다.

이뿐만 아니라 갈등을 신체적 증상으로 표현하면서 신체화하거나 문제의 원인을 신체적 질병 혹은 불우한 환경 탓으로 돌리며 의존 욕구를 합리화하는 경우도 많다.

## (8) 심리구조

의존성 성격장애를 지닌 사람은 삶의 과제에 대한 책임과 의사결정을 대부분 다른 사람에게 의존하여 지탱하기 때문에 심리구조가 충분하고 다양하게 분화 · 발전할 수 있는 기회를 갖지 못한다. 그나마 존재하는 것조차 대개는 내사를 통해 '빌려온' 능력으로서, 그가 이상화하는 대상이 그와 심리적으로 결합되어 있을 때는 웬만큼 잘 유지할 수 있지만, 이러한 유대가 끊어지면 구조가 약한 의존성 성격장애를 지닌 사람은 급속한 심리적 혼란 상태에 빠질 수 있다.

## (9) 핵심 갈등

타인에게 복종하면서 동시에 거리를 둔다는 것은 많은 의미를 내포할 수 있다. 회피성 성격장애 환자가 다중적으로 결정된 무의식적 요인의 결과로 노출을 꺼리는 것과 똑같이, 의존성 성격장애 환자는 이면에 놓여 있는 불안 때문에 누군가가 자신을 돌봐주기를 바란다.

독립이나 분리와 관련하여 이들이 두려워하는 것이 과연 무엇인지를 파악해야 한다. 의존하고 매달리는 행동 뒤에는 공격성이 숨겨져 있을 수도 있다. 의존적인 행동은 동시에 표현되는 적개심에 대한 방어일 수도 있기 때문이다. 의존성 성격장애 환자의 집착 대상이 되어 본 사람이나 이들을 실제로

치료하는 정신건강 전문가가 경험하듯이, 이들의 의존적 요
구는 은근히 다른 사람들을 괴롭힌다.

### (10) 기분 및 기질

의존성 성격장애를 지닌 사람은 모든 일이 순조롭게 진행
될 때는 부드럽고 온화하며, 비경쟁적이고, 수줍어하는 분위
기를 나타낸다. 그러나 이러한 평화로운 기분은 거절과 버림
을 받으면 곧 산산조각이 나는데, 이럴 때 곧잘 상담이나 심리
치료를 받으러 온다. 이들이 겉으로 보이는 부드러움과 온화
함이 이렇듯 부서지기 쉬운 데는 심연에 자리한 채 평소에 방
어하고 있는 깊은 불안감과 비관, 실망과 낙담의 영향이 큰 것
같다(이정태, 채영래 역, 2008; Millon & Davis, 1996; Millon &
Everly, 1986).

## 5) 유병률과 발병 요인

### (1) 유병률, 경과 및 예후

의존성 성격장애의 유병률은 연구에 따라서 인구의 1% 미
만이라는 보고에서부터 48%라는 보고에 이르기까지 다양하
다. DSM-5(2013)에서는 2001년과 2002년의 미국 역학 조사
자료를 인용하면서 의존성 성격장애의 추정 유병률을 0.49%

로 제시하고 있다.

의존성 성격장애의 경과 및 예후와 관련해서는 거의 알려진 것이 없다. 그러나 이들은 혼자서 독립적으로 기능하는 것을 두려워하기 때문에 독립적이고 주도적인 역할이 요구되는 직업적 영역에서는 실패하는 경향이 높다. 또한 책임이나 결정이 많이 필요한 자리를 피하려고 하기 때문에 직업 수행에서 어려움을 겪을 수도 있다. 사회적 관계는 자신이 의지하는 몇몇 사람 정도로만 제한하는 경향이 있고, 다른 사람들에게 신체적으로나 정신적으로 함부로 취급받을 수 있다. 자신이 의지하고 있는 사람을 상실할 경우에는 우울증에 빠질 위험이 높다(Sadock & Sadock, 2007).

### (2) 발병 요인

### ① 문화적 차이

어느 정도가 되어야 의존성 성격장애 환자라 할 수 있는가 하는 판단은 그 시대의 분위기와 문화적·사회적 환경에 따라서 달라질 것이다. 어떤 사회에서는 수동성과 공손함을 바람직한 특성으로 강조하고, 또 다른 사회의 경우 여성에게는 의존적 행동을 권장하면서 남성에게서 의존적 행동이 나타나면 이를 비하하기도 한다. 따라서 한 개인의 의존적인 행동이 그가 속한 사회의 문화적 규범을 크게 벗어나지 않는다면 그를 의존성 성격장애를 지닌 사람으로 간주할 수는 없을 것이다. 산업화와 도시화가 많이 진행된 사회일수록 의존을 부덕시하고, 실제로 정신장애 초기 역사에서도 의존성 성격을 도덕적 결함으로 바라보았다.

### ② 연령 요인

성격장애는 만 18세 이상이 되어야 진단할 수 있기 때문에 아동에게는 성격장애 진단을 내리지 않지만, 의존성 성격장애와 유사하거나 그 전조가 되는 임상적 양상은 아동기에 이미 나타날 수 있다. 하지만 아동기에는 의존적인 행위가 발달적으로 적절할 수 있기 때문에 이와 관련된 판단에는 신중을 기해야 한다.

의존성 성격장애를 지닌 사람은 아동기에 흔히 분리불안장애separation anxiety disorders를 나타내는 경우가 많다. 분리불안장애는 주요 애착 대상과 떨어질 때 심한 불안을 보이는 증세를 말한다. 분리불안을 보이는 아동은 중요한 대상에게 혹시 어떤 위험한 일이 일어나지 않을까 걱정하며, 큰일이 일어나서 중요한 대상과 헤어지게 되지는 않을까 비현실적으로 근심한다. 그래서 학교에도 가지 못하고 집 밖에서는 잠도 자지 못하며, 잠을 자면 악몽을 꾸고 애착 대상과 같이 있지 않을 때는 슬퍼하고 위축된다.

### ③ 성별 요인

여성에게서 의존성이 더 높은가? 이에 대해서는 논란이 많다. 과거에 연구자들은 흔히 여성이 남성보다 의존성 성격장애 진단을 받는 경우가 더 많다고 생각했으며, 1980년에 출판된 DSM-III에서도 여성이 남성보다 유병률이 높다고 공식적으로 진술하였다.

그러나 1980년대에 페미니즘의 물결이 거세지면서 이는 여성이 수동적·복종적·의존적인 존재라는 남성 중심적 시각에 기인한 것이며, 의존성 성격장애의 진단은 흔히 이러한 사회적 편견에 과대 동일시한 여성이나 반대로 남성적 동일시에 실패한 남성에게 내려진다는 반론이 제기되었다. 만일 여성에게 그러한 진단을 내릴 거라면, 일에만 파묻혀서 가정을 소홀히 하거나 인간관계의 섬세한 감정 교류에 무능한 남성들에게는 '독립성 성격장애'라는 진단을 내려야 한다는 주장까지 등장했다(Kaplan, 1983).

이러한 논란이 활발해지면서 이후 의존성 성격에 과연 성차가 존재하는지를 객관적으로 규명하고자 하는 여러 연구가 진행되었지만, 그 결과는 분분하였다. 성차가 존재하지 않는다는 결과도 있었던 반면(Reich, 1987), 여성에게서 2배 가량 많다거나 진단 기준이 대체로 여성을 연상시킨다는 결과도 있었다(Spizer, Williams, Kass, & Davies, 1989; Sprock, Blashfield, & Smith, 1990).

따라서 이 문제는 아직 결론이 내려지지 않은 상태지만, DSM-5(2013)에서는 공식적으로 "일부 연구에서 남녀 간 의존성 성격장애의 유병률이 비슷한 것으로 보고하고 있지만, 임상 장면에서는 의존성 성격장애가 여성에게서 더 빈번하게 진단되어 왔다."고 기술하고 있다.

### 6) 공존 병리와 감별 진단

#### (1) 공존 병리

회피성 성격장애와 마찬가지로 의존성 성격장애가 일차적 진단이나 단일 진단으로 사용되는 경우는 극히 드물다. 이 장애는 흔히 우울장애, 불안장애, 신체형장애 그리고 적응장애를 동반하는 것으로 알려져 있다(APA, 2013).

#### ① 우울장애

버림받는 것을 두려워할 때는 불안장애의 위험률이 높지만, 실제로 관계 상실이 일어난 뒤에는 기분장애의 위험률이 훨씬 높아진다. 의존적인 사람은 지지와 돌봄을 받기 위하여 다른 사람에게 지나치게 의존하고, 잠재적이거나 실제적인 버림받음에 직면했을 때 무력하게 느끼기 때문에 우울장애에 대한 취약성이 높은 것으로 보인다. 이들은 관계 상실에 대하여 전형적으로 무력감, 죄책감과 자기비난으로 반응하기 때문에 주요 우울장애major depressive disorders의 유병률이 높다. 만약 대체 대상과 새로운 관계를 맺을 수 있다면 우울증 상태는 곧 회복되겠지만, 대상이 없는 상태가 지속되면 만성적인 기분부전증dysthymia을 보일 수 있다. 가끔 절망감을 과잉보상하는 과정에서 우울증과 정반대의 양상인 조증 증상을 일으키기도 한다(Millon & Davis, 1996; DSM-5, 2013).

② 불안장애

의존적인 사람들은 또한 불안장애에 매우 취약하다. 항상 혼자 남겨질까 봐, 혼자 무슨 일을 해야 할까 봐 걱정 근심이 많기 때문에 범불안장애에 걸릴 소지가 많고, 특히 실제로 그러한 일이 일어나거나 새로운 책임거리가 발생하면 공황발작을 일으키기도 한다. 이들의 불안해하는 모습은 다른 사람에게 위로해주고 싶거나 도와주고 싶게 만드는 마음을 불러일으키기 때문에 불안 증상은 책임과 자율, 독립을 회피하는 수단이 될 수도 있다. 사회공포증social phobia이나 광장공포증agoraphobia도 이들에게 흔하게 발생하는 장애다.

### ③ 신체형 장애

신체적인 호소 또한 의존적인 사람들에게서 자주 나타난다. Greenberg와 Bornstein(1988)은 경험적인 연구들을 개관하면서 다음과 같이 결론지었다. "의존적인 성격 성향을 지닌 사람들은 한 가지 특정 유형의 장애에 취약하다기보다는 다양한 신체장애에 취약하다"(p. 132). 이 연구자들은 또한 의존적인 사람이 독립적인 사람에 비해 자신의 문제를 심리적인 것보다는 신체적인 것으로 보려는 경향이 더 강하고, 자신의 문제와 관련하여 의학적인 도움을 구하려 한다고 기술하고 있다.

신체적 증상은 자신의 책임을 피하고 타인의 관심과 도움을 이끌어내는 좋은 수단이 될 수도 있다. 전환장애 중에서는 특히 팔다리의 마비 증상이 흔하다(Millon & Davis, 1996). 팔다리가 마비된 사람이 사소한 일조차 해낼 수 없음은 자명하며, 때로 팔다리의 마비는 이들이 두려워하는 공격적인 행동의 표출을 원천적으로 봉쇄하는 기능을 한다. 더불어 신체적 증상은 자신이나 다른 사람이 문제의 진원지로부터 시야를 멀게 하도록 하는 부수적인 효과도 지닌다.

### (2) 감별 진단

지나친 의존과 분리에 대한 두려움은 사실상 많은 성격장애에 내재해 있는 문제다. 어떻게 보면 각각의 성격장애는 이 문제에 대한 각각의 답변일지도 모른다. 의존성 성격장애를 지닌 사람은 이러한 문제에 기본적으로 수동적이게 대처한다. 연극성 성격장애처럼 적극적으로 관심을 끌려고 하지도 않고, 회피성 성격장애처럼 뒤로 물러나 회피하지도 않으며, 경계선 성격장애처럼 충동적 자해 같은 극적인 반응을 보이는 것도 아니다. 예를 들면, 그저 가만히 앉아서 우는 것 같은 방식이다.

이러한 차이점과 관련하여 의존성 성격장애가 심리구조적으로 더 건강하다거나 유전적 · 체질적 소인이 서로 다를 수 있다는 가설이 제기되기도 하지만, 아직 합의된 수준은 아니다(이정태, 채영래 역, 2008).

DSM-5는 특정한 이론적 배경을 내세우지 않고 오직 증상을 기준으로 진단하는 체계이기 때문에, 만약 한 개인이 보이는 성격 특징이 의존성 성격장애 이외에도 다른 성격장애의 진단 기준을 충족한다면 2가지 이상의 진단을 함께 내릴 수 있다. 비록 많은 성격장애에서 의존적인 특성을 공통적으로 보이지만, 의존성 성격장애는 수동적이고 복종적이며 매달리는 특징을 두드러지게 보인다는 점에서 다른 성격장애와 구별된다.

### ① 연극성 성격장애

의존성 성격장애와 연극성 성격장애는 모두 의존을 기본으로 하는 장애로서, 위안과 승인을 받는 데 대한 욕구가 강하고 어린애처럼 매달리는 모습을 보인다는 면에서 비슷하다. 그러나 의존성 성격장애가 자기를 드러내거나 내세우지 않고 유순하게 행동하는 데 반해, 연극성 성격장애는 적극적으로 타인의 관심을 끌고 사교적이고 화려하며 종종 유혹적이기도 하다.

### ② 회피성 성격장애

의존성 성격장애와 회피성 성격장애는 모두 부적절감, 비판에 대한 과민성, 위안에 대한 욕구가 강하여 DSM-5에서도 강박성 성격장애와 함께 C군으로 분류하고 있다. 그만큼 두 장애 간에는 유사성이 높다. 그러나 회피성 성격장애는 창피당하고 거절당하는 것에 대한 두려움이 커서 자신이 받아들여질 것이라고 확신하지 못하는 한 '일반적으로' 사회적 관계를 회피하는 반면, 의존성 성격장애는 중요한 타인과의 연결을 자신이 먼저 찾고 유지하려는 행동 패턴을 보인다.

두 장애 간에 다음과 같은 중요한 신념의 차이가 존재한다고 보는 학자들이 있다. 즉, 의존성 성격장애를 지닌 사람은 그래도 다른 사람과 세상이 자기에게 호의적일 것이라고 믿는 반면, 회피성 성격장애를 지닌 사람은 근본적으로 다른 사람을 믿지 않고 이 세계는 거부와 창피로 가득 차 있다는 관점을 지닌다는 것이다(Millon & Davis, 1996). 이러한 가설은 장애 간 핵심 신념의 차이를 규명하는 데도 많은 도움이 된다.

### ③ 경계선 성격장애

의존성 성격장애와 경계선 성격장애는 공존 병리의 비율이 상당히 높으며, 모두 버림받는 데 대한 두려움이 강하다는 공통점이 있다. 그러나 경계선 성격장애가 버림받음에 대해 더 강렬한 분노와 요구, 공허감으로 반응한다면, 의존성 성격장애는 수동적인 복종과 유화적인 매달림으로 반응하여 곧바로 보호와 지지를 제공할 다른 대체관계를 찾으려 한다. 또한 경계선 성격장애는 강렬하면서도 불안정한 관계 패턴을 보인다는 점에서 의존성 성격장애와 구별되며, 의존성 성격장애에 비해 전반적으로 대처기술이나 자기통제가 부족하다(이정태, 채영래 역, 2008; Millon & Davis, 1996; DSM-5, 2013). ◆

# 2. 의존성 성격장애는 왜 생기는가

## 1) 생물학적 요인

### (1) 체질적 소인

의존성 자체가 유전되는 것은 아니지만, 특정한 유형의 유전적 소질이 정상적인 환경 내에서 기존의 성격을 의존적으로 발전하기 쉽도록 만들 수 있다. 선천적인 생물학적 소인은 보호자에게 일정한 양상의 반응을 유도하기도 한다. 예를 들어, 순하면서 잘 울고 무서움을 많이 타는 유아는 어머니가 과잉보호하게 만들기 쉽다. 이렇게 자란 아이들은 과잉보호의 관계 양상을 학습하고 이에 익숙해지기 때문에 성장해서도 다른 사람들에게 무의식적으로 과도한 보호와 동정을 유발하게 만드는 경향이 있다.

행동유전학 연구들은 부모-자녀 상호작용이 부모에게서

자녀에게로 흐르는 일방향적 흐름이 아니라 상호 영향이 오가는 양방향적 과정임을 증명하였다. 이러한 상호결정론에 따르면, 부모의 행동이 자녀의 행동에, 또 자녀의 행동이 부모의 행동에 영향을 미친다. 아기 때부터 잘 먹고 많이 자고 순한 아이와 안 먹고 안 자고 한번 울면 그치지 않는 아이, 눈만 흘겨도 상처받는 예민한 아이와 심하게 야단쳐도 금방 웃고 안겨오는 아이를 같은 방식으로 키울 수 있다면 그것이 오히려 이상할 것이다(홍숙기, 1997).

기질, 체질과 체격도 과잉보호에 영향을 줄 수 있다. 병치레가 잦고 허약하며 잘 먹지 않는 아이는 부모를 늘 걱정케 하거나 '허약한' 아이로 단정 지음으로써 부모가 항상 예외적인 대우를 하게끔 만들 수 있다. 기질 연구자들은 유아와 부모가 서로 영향을 미친다는 양방향성을 관찰하였다. 예를 들어, 유아의 기질적 반응성이 엄마를 밀어낼 수 있고, 아이는 엄마가 옆에 없으므로 혼자 노는 책략을 발달시킬 수 있다. 이렇게 되면 엄마는 계속 아이를 혼자 놓아두기 쉽다. 반응성에 대한 조절과 적응이 개체 내에서뿐만 아니라 부모-자식 간에도 일어나는 것이다(홍숙기, 1997).

### (2) 변연계 가설

의존성 성격장애를 지닌 사람의 신경학적 불균형을 제안하는 학자도 있다. 인간 뇌의 심층부에는 변연계라는 일련의 뇌 구조물이 존재하는데, 이는 흔히 정서 조절, 동기 및 기억에 관여한다. 파충류보다 더 진화된 동물이 새끼를 더 정성스레 돌보는 것은 변연계가 있기 때문이다. 변연계의 한 구조물인 편도체는 공포에 관여하는데, 편도체의 특정 부위를 손상시키면 공포의 여러 신체적 증상이 소실된다(김현택, 1997). 의존성 성격장애를 지닌 사람의 뇌 생리학적 요인을 제기하는 연구자들은 작은 스트레스에도 이들의 변연계가 예민하게 반응하여 지나친 긴장감이나 공포를 경험하게 만든다고 주장한다(Millon & Davis, 1996).

### (3) 호르몬 불균형 가설

또 다른 가설로 호르몬 불균형 가설도 제안한다(Millon & Davis, 1996). 이 가설에 따르면, 우리 몸은 스트레스를 받으면 아드레날린을 분비하는데 의존성 성격장애를 지닌 사람은 아드레날린이 충분히 유지되지 않아 적절한 대처반응이 곤란하다는 것이다.

인간은 스트레스를 받으면 교감신경계가 활성화되고 부신에서 아드레날린에피네프린, 노르아드레날린노르에피네프린, 스테로이드성 스트레스 호르몬이 방출된다. 교감신경계가 싸움/도망의 대처반응을 효율적으로 할 수 있도록 도와주듯이, 아

드레날린과 노르아드레날린도 심장의 출력을 높여 근육으로
공급되는 혈류를 증가시킴으로써 교감신경계와 비슷한 도움
을 준다(김현택, 조선영, 박순권 역, 1997). 그런데 만약 이러한
상황에서 호르몬의 분비가 불충분하면 스트레스나 문제해결
시 대처행동에 유해한 생리적 기반을 조성하는 셈이 된다.

변연계와 호르몬의 불균형 가설 등은 오늘날 뇌 연구로 밝
혀진 결과들과 맞물리면서 대단한 흥미를 자극하지만, 아직
은 시범적인 가설로서 차후 구체적인 자료로 더 보강되어야
할 것이다.

## 2) 환경적 요인

### (1) 과잉보호

의존성 성격장애를 지닌 사람의 성장 과정에서 빼놓을 수
없는 공통적인 요인은 과잉보호의 경험이다. 유아는 걸음마
를 시작하고 말을 배우면서 주변 환경을 보다 적극적으로 탐
색해나간다. 비록 초보적인 형태지만, 자신의 능력을 확인하
고 환경을 제압해나가려는 아이의 욕구는 부모의 과잉보호로
갖가지 장벽에 부딪히게 된다.

과잉보호하는 어머니는 아이가 멀리 가지 못하게 하고, 다
칠까 봐 노심초사하며, 어머니의 말을 잘 들을 때는 갖가지 보

상을 제공한다. 아이를 과잉보호하는 부모는 아이가 걷고 넘
어지고 좌절하면서 자율적으로 스스로를 단련해갈 기회를 주
기보다는 항상 뭔가를 대신해주고 일을 쉽게 만들어주려고 한
다(Millon & Davis, 1996).

이러한 과잉보호는 특정 지점에서 고착되어 일어나는 것이
아니라 전 생애에 걸쳐 강화된다. 부모에게 의존하였을 때는
알게 모르게 칭찬을 받고, 부모에게서 분리되거나 독립하려
할 때는 은근히 거부당하는 경험이 축적되는 것이다(이정태,
채영래 역, 2008).

부모가 자녀를 과잉보호하게 되는 데는 여러 가지 이유가
있다. 우선 아이가 심각하거나 만성적인 신체 질병을 앓았을
경우에는 아무리 정상적인 부모라 할지라도 어느 정도는 과잉
보호의 경향을 띠게 될 것이다. 그러나 부모의 성격 자체가 신
경증을 내포하고 있을 때는 문제가 더 복잡해진다. 부모 자신
이 걱정과 불안이 많은 사람이라면 실제 이상으로 불안해하고
아이의 행동을 간섭하는 경우가 많다. 결국 부모 자신의 걱정
과 불안은 아이에 대한 보호와 통제를 낳는다.

한편, 부모가 무의식적으로 아이에게 죄책감을 느끼는 경
우에도 겉으로는 과잉보호할 수 있다. 이는 반동형성의 기제
를 통해 일어난다. 아이 역시 의존하고 복종하는 행동의 이면
에 공격성이 숨어있는 경우가 많다. 공격성과 적개심을 감추

고 방어하기 위해서 정반대의 모습을 취하는 것이다. 의존성 성격장애를 지닌 사람의 집착 대상이 된 사람은 이들의 요구가 은근히 자신을 괴롭힌다는 것을 절실하게 느끼게 된다(이정태, 채영래 역, 2008).

### (2) 형제간 역동

독특한 형제간 역동으로 의존적 적응양식을 발달시킬 수도 있다. 형제가 유난히 공격적이거나 유능하거나 말썽쟁이인 경우에 아이는 자신의 형제와 반대로 수동적이고 소극적이며 고분고분한 행동양식을 발달시킬 수 있다.

특히 무의식적으로 형제간에 착한 아이와 나쁜 아이의 역할을 위임받아 각각의 역할을 나누어서 해야 했거나 부모의 공생적 욕구를 만족시키기 위해 의존적인 역할을 담당해야 했던 경우에 아이는 자신의 자율적 발달을 도외시할 수 있다(Mentzos, 1984; Millon & Davis, 1996; Mahler, Pine, & Bergman, 1975).

## 3) 인지적 이해

### (1) 의존성 성격장애를 지닌 사람의 인지 세계

#### ① 핵심 가정과 역기능적 신념

인지 이론에서의 개념화에 따르면, 의존성 성격장애를 지닌 사람은 마음속에 2가지 핵심 가정을 가지고 있다(민병배, 유성진 역, 2009). 첫째, '나는 본질적으로 부적절하고 무기력하기 때문에 혼자서는 세상에 대처할 수 없다'는 가정이다. 이들은 세상을 차갑고 외롭고 위험한 곳으로 간주하며, 혼자서 이에 대처하는 것은 불가능하다고 생각한다. 둘째, '무력한 내가 이 험한 세상에서 살아가기 위해서는 나를 보호해주고 보살펴줄 수 있는 누군가가 꼭 필요하다'는 가정이다. 따라서 이들은 다른 사람의 보호를 받기 위해 자신의 권리와 욕구를 포기하고, 자신의 필요와 욕구를 타인에게 종속시켜야 한다고 생각한다.

의존적인 사람에게 있어서 인생의 중요한 모토는 '만일 나 자신을 포기한다면 나는 보호받을 수 있다'는 것이다. 자신을 보호해줄 다른 사람에게서 분노를 유발하는 것은 끔찍한 일이므로, 그 사람에게 항상 친절한 모습만 보이고 그 사람을 기쁘게 하려고 노력하며, 자신의 욕구나 권리를 주장하지 않고, 그 사람에 대한 불만이 있어도 이를 억제한다.

유아기를 벗어나 성인이 되었는데도 '나의 생존에 다른 사람이 절대적이다'라고 생각하는 것은 심각한 오류가 아닐 수 없다. 이러한 인지적 오류는 기본적이고 무의식적인 것에서부터 보다 실천적이고 의식에 가까운 것들로 위계 지어있다. 이들이 생각해내는 보다 실천적이고 의식에 가장 가까운 명제는 '반항하지 말아라' '얌전히 있어라' '가능한 한 친해져라' 등이다. 한층 더 파고들면 그러한 생각의 이면에는 좀 더 무의식적으로 작용하는 다음과 같은 신념이 존재한다.

- 사랑받지 못하는 것은 끔찍한 일이다.
- 누가 나를 버리면 나는 죽을 것이다.
- 능력 있는 사람과 접촉할 때만 잘 살 수 있다.
- 내가 독립적으로 행동하면 나는 혼자가 되고 고립될 것이다.
- 독립이란 완전한 혼자를 의미한다.

② 이분법적 사고

의존성 성격장애를 지닌 사람이 보이는 인지적 오류는 흔히 이분법적 사고 경향과 관련된다. 이분법적 사고는 흑백논리적 사고로서, 어떤 사건이든지 혹 아니면 백으로 보거나

100점 아니면 0점으로 보는 식의 사고다. 이처럼 심리적 장애를 경험하기 쉬운 사람은 어떤 사건이든 혹 아니면 백으로 보는 성향이 강하다.

의존성 성격장애를 지닌 사람은 의존 및 독립과 관련하여 이분법적 사고 경향을 보인다(민병배, 유성진 역, 2009). 이들은 인간은 완전히 무기력하고 의존적이거나 완전히 독립적이고 혼자라고 생각하며, 그 사이에는 어떠한 중간지대도 존재하지 않는다고 생각한다. 아울러 자기 자신의 능력에 대해서도 이분법적으로 생각한다. 즉, 자기는 특정한 일을 '올바르게' 할 수 있거나 전적으로 '그르게' 한다는 식이다. 이와 같은 차원에서 이들은 점점 더 자신이 옳지 않고 무능하며 완전한 실패자라고 규정짓게 된다.

③ 파국적 해석

또 다른 인지적 오류로서 이들은 부정적 사건을 지나치게 과장하여 지각해서 파국적으로 해석하곤 하는데, 특히 인간관계가 잘못될 때 이러한 경향이 극단적으로 나타난다. 인간관계가 실패로 돌아가거나 끝장날 때는 누구나 슬프고 곤혹스럽겠지만, 이들은 이러한 정상적인 수준의 스트레스를 넘어서서 거절이나 관계의 상실을 인생의 파국 혹은 지구의 종말과 같은 재앙으로 간주하곤 한다.

2. 의존성 성격장애는 왜 생기는가 ✺ **59**

④ 자아상

이러한 인지적 오류 경향은 흔히 자신에 대한 기본적인 신념, 즉 자아상과 연결된다. 의존적인 사람은 자신이 아주 약하고 무기력하며 무능하다는 자아상을 지니고 있다. 그래서 자신의 생존과 행복을 뒷받침하는 자원을 제공하는 특정한 강력한 대상에 집착한다.

이들은 '나는 살아가기 위하여 다른 사람, 특히 강한 사람을 필요로 한다'는 역기능적 신념에서 벗어나지 못하는 것 같다. 자신의 행복은 그러한 대상을 갖는 데 달려 있고, 자신의 생존은 그들에게서 지지와 격려를 받는 데 달려 있다고 믿는 것이다. 흔히 이러한 대상은 막강하고 유능하며 거의 전지전능한 존재로 이상화된다. 이렇게 강한 대상과 접촉할 수 있는 한 이들은 안정감을 지니고 꽤 잘 생활해나갈 수 있다.

## (2) 대인관계 부적응

### ① 사회기술의 부족

의존성 성격장애를 지닌 사람은 스스로의 책임감을 포기하고, 다른 사람의 보호를 받는 것과 자신의 욕구 및 소망을 맞바꾸기로 의식적·무의식적으로 선택한 사람이다. 이들의 의존적 해결 방식은 개인에게 궁극적으로 좋지 않은 결과를 가져온다. 예를 들면, 이들은 자신의 문제에 대처하고 결정하는 데 있어 다른 사람에게 의지하기 때문에 스스로 자율적으로 될 수 있는 기술을 배우고 습득할 기회를 거의 갖지 못한다. 결국 이들은 자기주장이나 문제해결, 의사결정 등 독립적인 삶에 필요한 기술을 거의 배우지 못하거나 자신이 이미 갖고 있는 기술마저 가다듬고 훈련해나갈 기회가 없어서 의존성이 심화되는 악순환을 밟게 된다.

② 대인관계 지속의 어려움

무엇보다 의존성 성격장애를 지닌 사람은 다른 사람에게 극도로 매달리면서 상대에게 많은 자양분을 얻어가는데, 언제까지라도 이들의 욕구를 기꺼이 충족시켜줄 수 있는 사람은 거의 존재하지 않는다. 의존의 대상이 된 사람들은 때로 이러한 의존의 질을 매우 적대적인 것으로 경험하기도 하는데, 이는 기본적으로 일방적이고 착취적인 관계의 성격을 반영한다. 이러한 일방적 관계는 영속하기 어렵고, 관계가 파탄날 경우 의존성 성격장애를 지닌 사람은 또 다른 의존의 대상을 찾는 것 외에 다른 대안을 찾지 못한다(민병배, 유성진 역, 2009; Freeman, Pretzer, Fleming, & Simon, 1990). ❖

# 3. 의존성 성격장애를 어떻게 치료할 것인가

## 1) 전반적인 치료 지침

### (1) 치료의 목표

#### ① 새로운 균형 정립

의존성 성격장애를 지닌 사람은 자기-타인, 독립-의존, 능동-수동의 양극에서 어느 한쪽의 극에 치우쳐 있던 기존의 항상성을 폐기하고 새로운 균형을 정립해야 한다. 스스로 좀 더 능동적으로 자기 삶을 책임져나가도록 이 두 극의 균형을 근본적으로 변화시키지 않는 한, 이들은 치료 상황을 떠나지 못한다(Millon & Davis, 1996).

'의존성 성격장애 환자의 치료 목표는 독립'이라고 쉽게 가정할 수도 있겠지만, 이러한 목표가 환자에게서 치료에 대한 두려움을 불러일으킬 수 있음을 간과해서는 안 된다. 왜냐하면 환자들은 '치료가 완전한 독립을 가져올 것이고 결국 치료 후에 타인의 도움 없이 혼자서 삶에 직면해야만 할 것'처럼 느낄 수 있기 때문이다. 이들에 대한 치료 목표로 더 적절한 단어가 있다면, 그것은 아마도 '자율'일 것이다. 자율이란 한편으로는 타인에게서 독립적으로 행동할 수 있으면서, 다른 한편으로는 다른 사람과 친밀하고 밀접한 인간관계를 맺을 수 있음을 의미한다. 이러한 상태에 도달하기 위해서는 의존성 성격장애 환자가 치료자를 포함하여 중요한 타인에게서 점차 더 분리되고 자신감 및 자기효능감을 점진적으로 증진시켜 갈 수 있도록 도와주는 것이 필수다(민병배, 유성진 역, 2009; Freeman, Pretzer, Fleming, & Simon, 1990).

### ② 대처 기술의 다양화

의존성 성격장애 환자는 다른 사람에게 의지하여 매사를 해결해왔기 때문에, 스스로의 문제해결 능력이나 의사결정 능력, 객관적 상황판단 능력이 매우 부족하다. 이들이 지닌 거의 유일한 대처 기술은 '이 문제를 해결해줄 수 있는 특정한 사람을 찾는 능력'인지도 모른다. 이렇게 대처 기술이 미발달된 사람에게는 아무리 의존적인 태도를 근본적으로 수정할 수

있도록 도우려 해도 쉽게 변화하지 않는다. 이는 마치 아무것
도 지니지 않은 사람을 길거리로 내모는 것과 똑같다. 우선은
이렇게 한정된 대처 기술을 다양화시키고 생존 능력을 증진시
킴으로써 의존의 필요를 줄여나갈 수 있도록 해야 한다
(Millon & Davis, 1996).

## (2) 치료자에 대한 의존

성격장애는 일반적으로 치료하기가 쉽지 않다. 치료자와
환자 간의 관계 형성이 쉽지 않을 뿐 아니라 무엇이 진정한 문
제인가에 대해서도 서로의 시각이 다르기 마련이다. 의존성
성격장애 환자는 의존할 대상이 없는 것을 문제로 여기는 반
면, 이들을 치료하는 치료자는 의존하는 행동 자체를 문제로
여긴다(이정태, 채영래 역, 2008).

의존성 성격장애 환자는 자신의 문제를 해결해줄 수 있는
특정 대상을 찾는 일환으로 치료를 받으러 오기 때문에, 이들
을 담당하는 치료자는 딜레마에 빠지지 않을 수 없다. 환자가
의존성 문제를 극복할 수 있도록 돕기 위해서 어느 정도는 치
료자에게 의존할 수 있게 허용해야 하기 때문이다.

의존성 성격장애 환자를 치료하는 데 있어서 가장 중요한
규칙 중의 하나는 환자가 바라고 있는 것이 그에게 진정으로
필요한 것이 아닐 수도 있다는 점을 잊지 않는 것이다. 환자는

치료자가 의존을 허락하여 자신을 이끌어주고, 자신을 대신하여 결정해주고, 판단해주고, 책임져주길 바란다. 그러나 치료자의 과제는 환자가 이러한 행위를 스스로 할 수 있도록 환자의 독립성을 증진시키는 것이다. 즉, 이들에 대한 치료의 가장 궁극적인 목표는 치료자를 포함하여 이들이 의존하는 중요한 대상으로부터 점차 독립성을 획득하고 자신감과 유능감을 증진시키도록 하는 것이다. 따라서 치료자는 치료가 치료자와 환자 간의 협력을 통한 작업임을 분명히 전달하고, 치료 초기에는 환자에게 어느 정도의 의존을 허용하는 것이 불가피하지만, 치료가 진행되어갈수록 협력의 비율이 바뀌어 환자가 더 주도적이고 능동적으로 치료에 참여할 수 있도록 치료를 구조화할 필요가 있다(민병배, 유성진 역, 2009).

치료를 시작할 때는 환자가 매우 협조적이고 고분고분하기 때문에 치료가 빨리 진척될 수 있을 것 같고 예후도 좋아 보인다(민병배, 유성진 역, 2009; 이정태, 채영래 역, 2008). 그러나 이러한 낙관적 기대는 치료가 진척될수록 좌절로 변하기 쉽다. 환자는 자신의 문제를 해결하기보다는 치료자와의 애착관계를 유지하기 위하여 치료에 참여한다. 처음에는 이러한 의존적 소망을 어느 정도 허용한다 하더라도, 궁극적으로 스스로의 자율성을 키우도록 격려하면 이내 거센 저항에 부딪힌다. 환자는 치료에 매달리고, 심지어 증상이 호전되면 치료가

끝난 후 자신에게 더 이상 오지 말라고 할까 봐 좋아진 뒤에
또 다시 악화되기도 한다.

이런 환자를 치료하는 것은 치료자에게 인간적으로 대단한
도전이 아닐 수 없다. 치료자는 무의식적으로 환자를 비난하
고 싶은 유혹을 이겨낼 수 있어야 할 뿐만 아니라, 환자의 의
존 소망을 모두 들어줌으로써 자신의 전지전능함을 증명하고
싶은 유혹도 이겨낼 수 있어야 한다. 이로써 환자의 의존 소망
은 적절히 충족되고 적절히 좌절될 것이다. 치료자는 그러한
좌절에서 발생하는 환자의 공격을 효과적으로 다루어나갈 수
있어야 하고, 무엇보다 이러한 좌절이 환자가 견뎌낼 수 있는
정도를 넘어서지 않도록 치료 과정을 매우 섬세하게 이끌어야
한다.

이와 같이 의존성 성격장애 환자에게 있어서 치료자-환자
관계는 대단히 중요한 것으로, 전이 현상과 같은 치료자-환
자 관계를 비교적 덜 중시하는 인지행동적 접근에서조차 의존
성 성격장애 환자의 경우에는 이에 대한 주의를 잊지 않는다
(민병배, 유성진 역, 2009). 이러한 문제를 다루어나가기 위해
치료 기한을 설정하는 것도 좋은 방법이 될 수 있다.

### (3) 치료 기간

다른 조건이 없는 한 성격장애는 흔히 장기간의 치료가 필

요하다(이정균, 2000; 이정태, 채영래 역, 2008). 그러나 의존성 성격장애의 경우에는 한시적 치료가 오히려 효과적일 수도 있다. 치료 초기에 앞으로 치료자와 환자의 관계가, 가령 12회, 16회, 20회에 끝난다는 것을 미리 알려 줌으로써 환자들이 상실과 독립에 관한 가장 깊은 불안에 직면하지 않으면 안 되게 만든다. 더욱이 이러한 접근 방법은 자신을 양육하는 사람을 끝없이 이용할 수 있다는 식의 강력한 환상을 다룰 수 있다.

그러나 이러한 치료 방법은 치료를 시작하자마자 곧 치료자를 잃고 말 것임을 예고하기 때문에 환자에게 너무도 심한 불안을 야기하거나, 아예 치료에 개입하지 않도록 만들 수도 있다. 한편, 장기적이고 종결에 대한 예정이 없는 치료에서 치료가 교착 상태에 빠지게 되면 치료 종결을 고하는 한시적 기법을 도입함으로써 도움을 얻을 수도 있다(이정태, 채영래 역, 2008; Freeman, Pretzer, Fleming, & Simon, 1990).

치료의 종결을 다루는 데에도 섬세한 기술이 필요하다. 의존성 성격장애 환자에게 있어서 치료의 종결은 극히 위협적일 수 있다. 왜냐하면 이들은 치료자의 지지 없이는 진전된 상태를 유지할 수 없을 것이라고 믿기 때문이다. 이러한 믿음에 도전하기 위해서는 행동 실험의 형태로 회기 간격을 점차 늘려 갈 수도 있다. 가령, 환자가 주 1회에서 격주 1회로 치료의 간격을 늘렸는데도 치료가 없었던 2주 동안 자신이 잘 기능했다

는 것을 알게 되면, 월 1회 회기를 시도해볼 수 있다. 그리고
환자가 치료자 없이 한 달간 잘 지낼 수 있게 되면 대개는 더
이상 치료를 지속할 필요가 없음을 깨닫게 된다. 의존성 성격
장애 환자와의 치료 종결이 더 수월하도록 돕기 위한 또 다른
전략은 추수 회기를 제안하는 것이다. 단지 치료자를 다시 만
날 수 있다는 것을 아는 것만으로도 많은 환자가 잘 버티어나
갈 수 있다(민병배, 유성진 역, 2009).

### (4) 치료의 규칙

치료 접근마다 중요하게 여기는 지침과 충고가 있으며 규
칙 또한 존재한다. 이는 구조화라는 말로 표현할 수도 있고 기
본 규칙이라는 말로 표현할 수도 있다. 이것은 치료 시간을 지
키는 것, 치료비를 지불하는 것, 기록과 환자 사생활의 비밀을
지켜주는 것, 관계의 한계 설정 문제 등을 포함한다(윤순임,
1995; Garfield, 1989).

모든 환자가 치료의 규칙을 엄수해야 하는 것은 당연하겠
지만, 의존성 성격장애 환자를 포함하여 치료자에게 과도한
의존을 보이는 환자의 경우에는 특히 이러한 규칙과 절제의
규칙을 지키는 것이 중요하다.

치료자에게 지나친 의존을 보이는 환자는 흔히 치료자에게
전문적 관계 이상을 요구하는 경향이 있다. 치료자와 사랑에

빠지는 경우도 하나의 예다. 치료자-환자 관계를 비교적 덜 다루는 인지치료 접근에서도 의존성 성격장애 환자의 경우에는 이에 대하여 많은 지면을 할애하고 있다(민병배, 유성진 역, 2009). 심지어는 악수를 하거나 등을 두드리는 등의 가벼운 접촉도 삼갈 것을 권고한다. 아울러 치료자-환자 관계가 치료의 전면으로 부각되어 이를 서로 허심탄회하게 논의할 수는 있을지언정, 전문적인 관계에서 개인적인 관계로 관계 전환을 할 수는 없다고 못 박고 있다.

### (5) 저항과 위험요인

의존성 성격장애 환자를 치료하는 치료자는 흔히 초기에 치료 경과가 매우 호전적일 것이라는 기대를 갖곤 한다. 그러나 이러한 환자는 매우 자연스럽게 치료자와 의존관계를 형성하려 들기 때문에, 독립과 자율을 향한 치료자의 도움은 흔히 거센 저항에 부딪힌다. 어쩌면 이들이 치료자를 찾는 목적은 더 많은 자양분과 인간적인 도움을 받고자 하는 것인지도 모른다. 이러한 종류의 의존성은 이들에게 너무나 자아동조적인 것으로서, 치료자가 은연중에 이러한 의존적 습관에 동조하는 것은 오히려 치료 과정을 더디고 어렵게 만들 뿐이다 (Millon & Davis, 1996).

치료자는 지지를 이끌어내려는 환자의 덫에 걸려들 수도

있다. 그러나 지나친 의존은 상황을 악화시킬 뿐이다. 환자의 의존에 대한 분노와 같은 치료자의 역전이 감정은 환자를 무의식적으로 거부하는 반응을 낳게 되고, 이에 대한 죄책감으로 환자의 의존을 더욱 허락하는 형태의 역전이가 나타나기도 한다. 그렇다고 처음부터 자율적으로 행동하도록 몰아붙이거나 치료자 측에서 전혀 이끌지 않는다면 환자는 도리어 지나친 불안에 휩싸일 수 있다(민병배, 유성진 역, 2009; Millon & Davis, 1996).

또 다른 잠재적인 위험은 환자의 인정에 대한 욕구에서 비롯된다. 즉, 환자는 치료자에게 인정받기 위하여 치료자가 보는 앞에서만 자율적인 모습을 보일 수 있으므로, 치료자는 이러한 행동이 얼마나 외부 상황으로 일반화될 수 있는 것인지를 신중히 평가해야 할 것이다.

치료자와 환자는 치료의 궁극적인 목표를 서로 충분히 이해해야 한다. 특히 치료가 저항에 부딪혔을 때, 치료자는 환자에게 치료의 궁극적인 목표를 다시금 상기시켜주는 것이 좋다.

때로는 자기 자신을 부적절하다고 보는 환자의 근본적인 믿음으로 인해 치료가 진전되지 않기도 한다. 따라서 환자는 치료를 통해 진전을 보여도 이를 자신에게 귀속시키기보다는 치료자의 능력으로 돌리려고만 할 수 있으며, 혹은 약물치료

덕분이라고 생각할 수도 있다.

치료자와 환자는 모두 치료의 궁극적인 목표가 완전한 독립이 아님을 항상 명심해야 한다. 그것은 바람직하지도 않을 뿐더러 인간의 존재 조건상 닿을 수 없는지도 모른다. 그보다는 치료의 목표를 자신에 대한 믿음 및 건강한 상호의존 간의 균형 잡힌 융통성에 두는 것이 좋을 듯하다(Millon & Davis, 1996; Freeman, Pretzer, Fleming, & Simon, 1990).

## 2) 구체적인 치료 전략

### (1) 치료 목표의 구체화

치료자에게는 처음부터 환자의 가장 중요한 문제가 의존성에 있음이 분명해 보일지라도, 환자에게는 의존이 현재 문제의 일부분으로서도 의식되는 경우가 거의 없다. 이러한 문제를 탐색할 마음의 준비가 되어 있지 않은 사람에게는 의존이니 독립이니 자율이니 하는 단어가 낯선 느낌을 줄 수 있다. 그러나 의존이나 독립 등의 단어를 분명히 언급하지 않더라도 다음과 같이 보다 구체적으로 풀어서 치료의 목표를 설정할 수 있다.

- 다른 사람과 만났을 때 좀 더 활발하고 주도적으로 행동

한다.

- 어떤 일을 혼자서 계획하고 추진해본다.
- 책임지는 일을 맡는다.
- 다른 사람과 같이 있을 때 자신의 의사나 욕구를 분명하게 표현한다.

## (2) 자율의 강화

의존성 성격장애 환자는 치료자가 단지 전문가이기 때문만이 아니라 자기 자신이 강력한 대상을 원하기 때문에 치료자의 말 한 마디 한 마디에 큰 영향을 받을 수 있다. 이것이 치료에 도움이 되는 한 대단한 효과를 볼 수도 있으나, 그만큼 치료자에게 의존하도록 만들 수도 있다. 이러한 문제에 대하여 인지치료적 접근에서는 소크라테스식 문답법을 제안한다. 치료자는 지시나 명령, 조언이나 카리스마적 암시 등 환자의 의존성을 강화할 수 있는 개입을 피하고, 아울러 모든 것을 일방적으로 설명해주는 식의 주입식 교육으로부터 탈피하는 것이 바람직하며, 소크라테스의 산파적 질문처럼 치료자의 질문에 대해 환자 스스로가 생각해보는 계기를 갖게 하는 것이 좋다 (민병배, 유성진 역, 2009; 원호택 역, 1996; Garfield, 1989).

의존적인 사람이 자율적이게 되기 위해서 우선 필요한 것은 스스로에 대한 신뢰감, 즉 자신감을 증진시키는 것이다.

여태껏 혼자서는 할 수 없다고 생각해온 사소한 결정 하나하나, 행동 하나하나를 스스로의 힘으로 해보도록 하는 것이 중요하다.

자율적으로 결정하고 행동하는 것을 돕기 위해서는 행동실험behavioral experiment의 기법을 적용할 수 있을 것이다. 행동실험이란 인지치료에서 자주 사용하는 기법으로서, 환자가 지닌 부정적 사고의 타당성을 검증하기 위해 실험적인 형태로 특정한 행동을 해보게끔 하는 것을 말한다. 행동실험의 결과로 자신의 생각이 잘못되었을 수도 있음을 깨닫게 된다면, 환자는 자신이 평소 지니고 있던 생각의 타당성을 의심하기 시작하고 점차 보다 현실적인 새로운 생각을 지니게 될 것이다.

생각을 바꾸는 데 경험보다 좋은 무기는 없다. 자신의 부정적인 사고에 대한 경험적 반증experiential disconfirmation이야말로 심리치료에서 변화를 촉진하는 가장 중요한 심리적 기제다. 체계적으로 수행된 반복적이고 지속적인 경험을 통해 평소의 생각이 잘못되었음을 인식하게 되면 생각은 서서히 바뀔 수 있다.

행동실험의 궁극적인 목표는 '행동의 변화'에 있는 것이 아니라, 행동을 통한 '생각의 변화'에 있다. 즉, 의존적인 환자들에게서 행동실험의 표적이 되는 생각으로는 '나는 무력한 사람이다' 혹은 '나는 혼자서는 아무것도 할 수 없다' 등의 생각이 있을 수 있다.

가령, 의존적인 환자가 운전을 배우게 되는 상황을 생각해 보자. 그는 운전을 배우려고 시도하기도 전에 '나는 그런 일은 해본 적이 없어. 무엇을 어떻게 해야 하는지도 모르겠어. 나는 운전 같이 복잡한 것은 결코 배울 수 없을 거야'라고 생각할 것이다. 이때 치료자와 환자는 운전면허 취득에 필요한 세부적인 단계(예: 운전학원 등록, 운전연습, 면허시험 신청, 면허시험 등)에 대해서 함께 논의해본다. 함께 논의하는 과정에서 드러나는 것은 '무엇을 어떻게 해야 하는지 모르겠다'는 생각과는 달리 실제로 그는 '무엇을 어떻게 해야 하는지를 잘 알고 있다'는 것이다. 논의 과정에서 치료자는 이 점을 잘 부각시켜야 한다.

그다음에는 실제로 각 단계를 실행하면서 행동실험을 적용해볼 수 있을 것이다. 환자는 혼자서 운전학원에 등록하려 할 때 또다시 '어떻게 해야 할지 모르겠어. 혼자서는 할 수 없어. 친구랑 같이 갈까?'라고 생각할 것이다. 이때 치료자는 그에게 '과연 혼자서 할 수 없는지'를 검증하기 위해 행동실험을 해보도록 권유한다. 환자는 이러한 실험을 통해서 자신이 혼자 할 수도 있다는 사실을 새롭게 경험하게 된다. 이러한 행동실험은 다음의 단계로 계속 진행된다. 의존적인 환자가 자율적인 행동을 실행에 옮기지 못하게 만드는 걸림돌이 있다면

이는 '능력과 기술의 부족' 이라기보다는 대개의 경우 '자신의 능력과 기술에 대한 믿음의 부족' 인 것이다.

백화점에서 독자적인 결정에 따라 옷 한 벌을 산 경험이나 독자적인 힘으로 운전면허를 취득한 경험은 얼핏 사소한 변화처럼 보일 수 있지만, 이를 통해 환자의 내면에서는 여태껏 경험해보지 못한 자신감과 자기만족감이 생겨나기 시작할 것이다. 자율적인 경험의 축적은 의존적인 환자를 서서히 변화시켜갈 것이다.

### (3) 의존 요인의 구체화

의존은 아마도 한 가지 이유에서 일어나는 것은 아닐 것이다. Gabbard는 의존에 기여하는 무의식적 요소를 탐색하는 것이 중요함을 언급하였다(이정태, 채영래 역, 2008). 그에 따르면, 복종행동은 각각의 경우에 다른 의미를 지닐 수 있다. 어떤 경우에는 적개심에 대한 방어로서 일종의 타협 형성일 수도 있지만, 어떤 경우에는 과거의 외상적 경험의 재현을 회피하는 방법이 될 수도 있다. 그는 이를 위해서는 환자의 과거 이별 경험과 그에 따른 충격을 살펴보는 것이 필요하다고 하였다.

## (4) 자기주장 훈련

의존적인 사람은 '당신만 행복하다면 나는 언제나 행복하다'고 생각한다. '나의 행복' 그 자체를 추구하기보다는 '상대방의 행복을 통한 나의 행복'을 추구한다. 이들은 다른 사람들과의 원만하고 조화로운 관계를 중시한다. 이들은 다른 사람과의 관계를 절대로 해치지 않으려고 자기를 억제하고 희생한다. 자기를 내세우지 않는 한 다른 사람들의 기분을 상하게 하는 일도 없을 것이고 다른 사람들과 갈등이나 충돌을 일으킬 소지도 없을 것이기 때문이다.

이들은 다른 사람들과의 관계를 중시한 나머지 다른 사람들의 감정을 해치는 일이나 말은 절대로 하지 않으려 하는데, 때로는 다른 사람들에게 피해를 주지 않는 상황에서도 자기주장을 하지 못한다. 다른 사람의 감정을 해치지 않으려고 자기 자신을 희생한 삶의 폐해는 이들의 삶 구석구석에서 나타날 수 있다.

이들을 치료할 때 꼭 필요한 것이 자기주장 훈련이다. 다시 말해, 자신을 있는 그대로 타인에게 내세움으로써 타인과의 관계 속에 파묻혀버린 자기의 모습을 되찾도록 도와줄 필요가 있다. '나'라는 주어를 분명히 사용하여 자기 의사를 표현해 보고, 상대방과 의견이 다를 때는 그 사람에게 동의하지 않음을 표현하며, 부당한 요구에 대해서는 정중히 거절하고, 억제된 감정을 조금씩 자발적으로 표현해볼 수 있도록 격려 및 훈련하는 것이 필요하다.

자기주장 훈련을 단순히 행동적인 기법으로만 생각해서는 안 된다. 의존적인 환자가 자기주장을 잘 하지 못하는 이유가 단순히 자기주장 기술이 부족해서만은 아니기 때문이다. 이들에게는 자기주장의 걸림돌이 되는 특정한 생각이 자기주장을 방해하는 경우가 많다. 가령, '나를 표현하면 상대방이 나를 싫어할 것이다' '내 의사를 표현하면 상대방이 기분이 나빠져서 나를 떠날 것이다' 등의 생각이 자기주장을 방해할 수 있다. 따라서 자기주장 훈련을 시행할 때는 이러한 생각의 합리성과 현실성을 검토하는 인지적 작업을 병행할 필요가 있다. 이러한 인지적 작업을 할 때 앞서 언급한 행동실험 기법을 효과적으로 적용할 수 있을 것이다. 행동실험을 통해 자기주장이 다른 사람과의 관계를 해치지 않을 수 있다는 점을 깨닫게 된다면 자기주장은 한결 용이한 일이 될 수 있다.

자기 자신은 작고 상대방은 커 보일 때 의존은 필수적이다. 그러므로 의존성에서 벗어나기 위해서는 자신이 좀 더 크게 지각되어야 한다. 내가 좀 더 커져서 나와 상대방이 비슷한 크기로 지각될 때 상호 자율적이면서도 상호 의존적으로 서로를 사랑할 수 있다. 의존적인 사람은 타인 사랑은 배웠을지 모르지만 자기 사랑은 제대로 배우지 못한 사람이다.

자기 사랑을 바탕으로 하지 않는 타인 사랑은 '거짓 사랑'에 불과하다. 이러한 사랑은 일시적으로는 상대방을 기쁘게 할지 모르지만, 종국에는 상대방에게 부담감을 안겨줄 수 있다. 진정한 타인 사랑은 자기 사랑에서 비롯된다. 의존적인 사람이 배워야 할 것은 바로 이러한 자기 사랑이다. 의존적인 사람에게는 사랑할 '자기'가 없는지도 모른다. 상대방과의 관계 속에 파묻힌 '자기'를 발견하고, 자기를 사랑하고 드러내는 과정에서 자기는 더욱 커진다. 따라서 자기주장 훈련은 자기를 찾고 드러냄으로써 의존성에서 벗어날 수 있도록 도와주는 중요한 치료 방법이 될 수 있다.

## 3) 그 밖의 치료 유형

### (1) 집단치료

집단치료는 이들이 자율적 기술과 사회적 대처 기술을 증진시키는 데 많은 도움을 준다. 집단 장면에서 의존성 성격장애 환자는 좀 더 주장적으로 행동한 후 집단원들의 피드백을 받을 수도 있고, 주장적으로 행동함에도 다른 사람에게 버림받지 않음을 확인할 수도 있다. 따라서 환자가 지닌 동기와 성장의 잠재력에 따라 지지를 위주로 하는 문제해결 집단이나 보다 통찰지향적인 집단에 참가할 수 있다. 집단치료의 장점은 환자가 치료자에게 덜 의존하게 됨으로써 버림받음이라는 주제가 덜 활성화될 수 있다는 것이다(Beck, 1995; Millon & Davis, 1996).

### (2) 가족치료와 부부치료

가족 환경이 환자의 의존적 행동 양상을 유지하는 데 중요한 역할을 하는 경우에 가족치료나 부부치료를 적용할 수 있다. 가족은 의존성 성격장애 환자가 독립된 성인의 역할을 하는 것을 은연중에 허락하지 않음으로써 환자의 변화에 중요한 걸림돌이 될 수도 있다(Millon & Davis, 1996). 가족이란 하나의 살아 있는 유기체이기 때문에 가족구성원 각각이 따로 존재하는 것이 아니라 이들이 각각의 구성 요소가 되어 역동적 관계를 이루어나가는 것이다. 그러므로 환자의 의존성을 변화시키기 위해서는 환자 한 사람의 변화보다는 가족의 역동적 관계의 변화가 필요하다(심혜숙, 1995).

### (3) 약물치료

의존성 성격장애를 지닌 사람이 흔히 경험하는 우울이나 불안 등의 증상을 감소시키기 위해서 항우울제나 항불안제 같은 약물을 써서 환자를 치료할 수도 있다. 이들은 흔히 만성피로, 무기력증, 모호한 불안 등에 시달리는데, 이는 독립을 향한 노력을 포기하게끔 작용할 수 있다. 이때 이러한 약물이 이들의 활력과 생기를 진작시키는 데에 도움이 된다(Millon & Davis, 1996).

자율적인 노력을 할 때 이들에게는 거절과 버림받는 데 대한 공포가 내재적으로 활성화되므로 불안수준이 일시적으로 급격히 증가할 수 있다. 이때 항불안제를 처방하거나 이완 기법을 사용하여 불안수준을 정상적으로 회복시킬 수 있다. 약물치료는 부작용과 심리적 의존의 문제를 수반할 수 있어, 그 대안으로 이완 기법이 권장되기도 한다(김현택, 1997; Millon & Davis, 1996).

공황발작이나 불안이 심할 경우에는 이미프라민imipramine이나 벤조다이아제핀benzodiazepine 계열 혹은 세로토닌serotonin 계열의 약물을 처방할 수도 있다.

주된 증상이 불안, 공포 등 자율신경계가 과잉 흥분을 일으켜서 일어나는 증상일 경우에는 이를 경감시키기 위하여 아테놀롤atenolol 같은 베타 차단제를 쓰기도 한다(Kaplan, Sadock, & Grebb, 1994). 베타 차단제는 스트레스 상황에서 분비되는 아드레날린에 대해 작용하는 약물이다. 예를 들면, 불안한 상황에서 심장이 쿵쾅거리고 진땀이 나며 몸이 떨리는 등의 증상은 모두 아드레날린으로 일어나는 신체 증상인데, 베타 차단제는 이러한 심장의 아드레날린 수용기를 차단한다. 그리

하여 심장박동 항진 효과를 차단함으로써 평온함과 안정감을
되찾을 수 있다(김현택, 1997).

### 4) 의존과 보호는 동전의 양면

나비가 날갯짓을 멈추고 나뭇가지에 앉아서 쉴 때, 나비는
나뭇가지에 의지하여 쉬고 있는 것이고 나뭇가지는 나비에게
편안한 쉼터를 제공하고 있는 것이다. 즉, 나비는 나뭇가지에
의존하고 있는 것이고, 나뭇가지는 나비가 의지하는 대상으
로서 나비를 보호하고 있는 것이라고 볼 수 있다.

그런데 이 상황을 나뭇가지가 나비에게 의존하고 있는 것
이라고 할 수는 없을까? 나뭇가지는 나비가 찾아와야만 적막
한 오후의 외로움에서 벗어날 수 있고 자신이 거기에 존재하
는 가치를 확인할 수 있다면, 나뭇가지가 자기의 존재를 나비
에게 의존하고 있다고 말할 수 있다. 언뜻 보기에 쉼터가 필요
한 것은 나비이고, 그래서 나비가 먼저 나뭇가지를 찾아간 것
만이 눈에 띈다. 그러나 나비가 찾아오기만을 애타는 마음으
로 기다리고 나비가 떠나갈 때면 애써 슬픔을 감추어야 할 존
재는 바로 나뭇가지라면, 나뭇가지가 오히려 더 나비를 필요
로 하고 있는지도 모른다.

우리는 여태껏 의존적인 사람을 특정한 대상에 기대고 매

달리는 사람으로만 기술하였다. 그러나 의존적인 사람을 제대로 기술할 때 간과해서는 안 되는 또 다른 측면이 있다. 이는 의존적인 사람이 보이는 보호적 경향이다. 이들은 자신이 연약하여 남을 필요로 하듯이, 자기보다 연약한 사람은 자신을 필요로 할 것이라고 생각한다. 자신이 혼자 일을 처리하기에는 너무 벅차다고 느끼기 때문에 연약한 사람이 혼자 일을 처리하는 것을 보면 그 심정이 절실하게 전달되어오는 것이다. 자신이 험한 세상에서 받은 상처가 너무 아프기 때문에 연약한 사람이 받게 될 상처가 너무 안쓰러워서 그를 보호하려고 하는 것이다. 따라서 의존적인 사람은 힘 있는 대상에게는 의존적이지만 힘없는 대상에게는 보호자를 자처한다. 의존과 보호는 표현형은 다르지만 유전자형은 같은 동전의 양면으로서, 동일한 의존 욕구가 대상에 따라 다른 모습으로 나타나는 것일 뿐이다.

의존이란 인격의 미분화 상태라고 말할 수 있다. 나와 너의 인격이 서로 분리되지 않은 채 나의 일부분이 너이고 너의 일부분이 나일 때 이 두 사람은 모두 의존적인 상태에 있다고 말할 수 있다. 나의 아픔이 곧 너의 아픔이기에 너에게 나를 맡길 수 있는 것처럼, 너의 아픔이 곧 나의 아픔이기에 내가 대신 싸매줄 수 있는 것이다. 즉, 과도하게 의존하는 것이나 과도하게 보호하는 것 모두 자신의 인격과 타인의 인격이 분리되지 않아서 나타나는 결과라는 점에서는 같다고 볼 수 있다.

의존적인 사람은 자신의 부모에게 의존한다. 그러나 자신이 부모가 되었을 때는 자녀의 삶에 깊이 관여하면서 과잉보호적인 태도를 보인다. 부모와 자식 간의 경계가 별로 없고 서로의 인격이 분리되지 않은 환경에서는 부모가 자녀의 삶에 정서적으로 너무 깊숙이 개입하게 된다. 이들은 자녀의 행동 하나하나의 결과에 대해서 불안해하는 등 과도한 감정반응을 보이고 자녀의 삶을 지나치게 보호하려는 태도를 보이게 된다. 어떤 부모는 때로 자신의 욕구는 철저히 희생한 채 자녀의 편에서 그들에게 일어날 수 있는 어떠한 부정적인 경험이라도 다 막아주고자 하는 노력을 보이는데, 이러한 태도는 오히려 자녀의 독립적이고 자율적인 삶을 저해하는 결과를 초래한다. 결국 의존적인 부모는 의존적인 자녀를 키우게 되는 것이다.

이런 가정에서 자녀가 부모의 품을 떠나게 될 때 어떤 일이 벌어질까? 이때의 부모의 심정은 마치 나비를 떠나보내는 나뭇가지의 심정과 흡사할 것이다. 자신이 보호했던 대상에게 사실상은 자신이 의존하고 있었기 때문에 의존 대상의 상실은 분노와 우울감으로 드러날 것이다.

보호는 의존의 또 다른 모습이다. 의존적인 사람에게 홀로 서기가 필요하듯이, 보호적인 사람에게도 홀로서기가 필요하다. 서로 얽힌 삶에서 분리하는 연습이 필요하다. 보호의 대상

이 사라진 후에도 남아 있을 자신만의 삶, 자신을 위한 삶을
가꾸어갈 수 있어야 한다.

## 5) 의존과 자율의 균형

일반적으로 의존적이라는 말은 부정적으로 들린다. 의존적
이라는 표현은 덜 성숙하였거나 발달이 고착되었다는 인상을
주곤 한다. 이처럼 의존이 부덕시되는 현상은 아마도 사회구
조적 이행과 관련되는지도 모르겠다. 확실히 자본주의적 발
달이 진행된 사회에서는 의존 및 소속보다는 독립과 자율을
더 강조하는 경향이 있는 것 같다. 이는 어쩌면 인간의 발달
과제가 의존에서 자율로 이행해나가는 데서 비롯된 현상인지
도 모른다.

인간은 태어나면서 모체에 대한 전적인 의존으로부터 벗어
나고, 걷고 말하기 시작하면서 어머니에 대한 절대적인 정서
적 유대관계로부터 벗어난다. 학령기에는 가족에게서 벗어나
학교에 가고, 졸업한 뒤에는 사회로 나아간다. 종국에는 자기
신체에 대한 의존에서 벗어나야 하는 과제가 기다리고 있다.

자신이 완전히 독립적이라고 하는 사람은 거짓말을 하는
것이거나 자기와 인간 존재를 너무도 모르고 있는 사람일 것
이다. 누구의 인정도 필요치 않고 누구의 도움도 원하지 않으

며 누구를 돕고 싶지도 않고 인정하고 싶지도 않다고 한다면, 그는 다른 사람과 함께 살 필요가 없다. 어느 누구도 관계를 벗어나 생존할 수 없기 때문에 싫든 좋든 다른 사람에게 의존하고 다른 사람의 의존의 대상이 되어 살아갈 수밖에 없다.

의존과 자율은 항상 균형의 문제인데, 이는 원칙적으로 심리장애에도 적용할 수 있다. 보수적 신체의학 관점에서는 정상과 장애를 엄격히 구분하지만, 심리학적 견지에서는 가장 정상적인 심리 상태와 가장 비정상적인 심리 상태가 양극에 있고 그 중간 부분에는 단지 정도의 차이가 존재할 뿐인 연속적인 차원이 있는 것으로 본다. 의존성도 이와 같은 차원에 존재하는 것 같다.

의존성이 건강하게 통합되어 의존과 자율이 균형을 이룬 사람은 다른 사람에 대한 공감능력이 높고, 사랑과 보호심이 있으며, 타인을 위해 자신을 기꺼이 내어줄 수 있다. 또한 조건 없이 타인을 수용하고, 말과 행동이 부드러우며, 평화와 위안을 찾는 사람들에게 편안한 자리를 제공할 수 있다. 이들이 가진 가장 중요한 장점은 무비판적인 자세다. 이들은 자신이나 다른 사람들에게 성취할 수 없는 기준을 적용하지 않는다. 따라서 다른 사람들에게 부담을 주지 않고 이타적인 행동을 할 수 있다. 이는 성숙한 인간만이 취할 수 있는 태도로, 의존과 자율이 건강하게 통합되고 균형을 이룬 사람이 보일 수 있는 삶의 태도다(Millon & Davis, 1996).

인간은 삶의 초기부터 의존과 자율 사이에서 갈등을 겪게 되며, 이는 어느 한 순간에 해결되는 문제가 아니다. 어떻게 보면 인간의 삶은 의존과 자율, 소속과 독립 간의 끝없는 갈등이며 어느 누구도 이러한 실존적 갈등에서 완전히 자유로울 수 없다(윤순임, 1995; 이부영, 1998; Mahler, Pine, & Bergman, 1975; Mentzos, 1984; Millon & Davis, 1996). ◈

 **독립과 의존성의 자가 진단 문항** (DSM-5; APA, 2013)

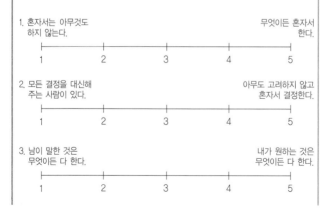

다음의 문항을 읽고 당신이 어느 정도에 해당하는지를 표시하십시오. 한 문항도 빠뜨리지 말고 응답하되, 최대한 솔직하게 응답하십시오. 각 숫자는 양극에서 가까운 정도를 의미합니다.

1. 혼자서는 아무것도 하지 않는다.        무엇이든 혼자서 한다.

  1       2       3       4       5

2. 모든 결정을 대신해 주는 사람이 있다.        아무도 고려하지 않고 혼자서 결정한다.

  1       2       3       4       5

3. 남이 말한 것은 무엇이든 다 한다.        내가 원하는 것은 무엇이든 다 한다.

  1       2       3       4       5

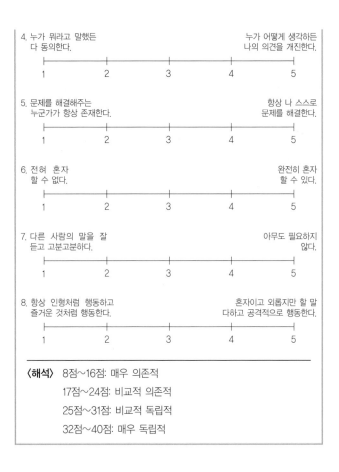

4. 누가 뭐라고 말했든
　 다 동의한다.

누가 어떻게 생각하든
나의 의견을 개진한다.

1　　　　2　　　　3　　　　4　　　　5

5. 문제를 해결해주는
　 누군가가 항상 존재한다.

항상 나 스스로
문제를 해결한다.

1　　　　2　　　　3　　　　4　　　　5

6. 전혀 혼자
　 할 수 없다.

완전히 혼자
할 수 있다.

1　　　　2　　　　3　　　　4　　　　5

7. 다른 사람의 말을 잘
　 듣고 고분고분하다.

아무도 필요하지
않다.

1　　　　2　　　　3　　　　4　　　　5

8. 항상 인형처럼 행동하고
　 즐거운 것처럼 행동한다.

혼자이고 외롭지만 할 말
다하고 공격적으로 행동한다.

1　　　　2　　　　3　　　　4　　　　5

〈해석〉　8점~16점: 매우 의존적

17점~24점: 비교적 의존적

25점~31점: 비교적 독립적

32점~40점: 매우 독립적

# 회피성
# 성격장애

**2**

# 1. 회피성 성격장애란 무엇인가

## 1) 불안과 회피

사람은 누구든지 불안을 경험한다. 만일 불안을 느끼지 않는 사람이 있다면, 그는 아마도 지금쯤 이 세상에 존재하지 않을 것이다. 만일 타오르는 불 속에서 불안을 느끼지 않는다거나 눈앞에 호랑이가 나타났는데도 무섭지 않다거나, 낭떠러지 끝을 걸어가면서 유유자적할 수 있다거나 시험 전 날 시험 준비를 전혀 해놓지 않고도 태평할 수 있다면 그 결과가 어떠할지 한번 상상해보라.

그가 불에 타 죽지 않고, 호랑이에게 잡아먹히지 않고, 낭떠러지 근처에 가지 않으며, 시험 준비를 열심히 해서 낙제를 면할 수 있는 것은 불안을 느낄 수 있기에 가능한 것이다. 이처럼 불안은 유기체의 생존과 적응에 꼭 필요한 감정이며, 불

안반응은 적응적인 가치가 있기 때문에 진화 과정을 통해 유
전자 속으로 전해져온 것이다. "진화는 불안한 유전자를 선호
한다."

불안anxiety이란 실제적 혹은 상상적 위협에 대한 유기체의
반응이다. 불안에는 불안과 관련된 신체생리적 반응에 회피
혹은 도피 반응이 동반된다. 유기체는 불안한 상황을 미리 회
피하거나 불안한 상황에서 도피함으로써 환경에 대처한다.
그리고 이러한 회피 혹은 도피 반응으로 위협이 사라졌다고
느낀다면 불안도 사라진다. 따라서 회피 혹은 도피 반응은 인
간이 환경에 적응하여 살아가는 데 필수적인 요소다. 불안반
응에 적응적인 가치가 있다는 말은 불안에 포함된 회피 혹은
도피 반응에 적응적인 가치가 있다는 말이기도 하다.

회피 혹은 도피의 발생기원적 토대는 아마도 자연에서의
'투쟁 혹은 도피 반응'일 것이다. 초원에서 풀을 뜯고 있는 수
사슴은 번식기에는 다른 수사슴과 싸워야 하며, 사자가 접근
할 때에는 도망쳐야 한다. 이렇듯 자연 상태에서 유기체는 동
료 경쟁자 혹은 포식자에 대항하여 싸우거나 도망치는 행동
을 발휘함으로써 생존해나간다. 자연은 이러한 생존경쟁에서
유기체가 더 잘 생존해나갈 수 있도록 위험한 상황에 처했을
때 심장박동을 증가시키고 근육과 뇌에 혈류를 공급하는 등
의 일을 해주는 교감신경계라는 기관을 진화시켰다(김현택,

1997).

정확하게 말하면 회피와 도피는 개념상 약간의 차이가 있다. 회피반응은 불쾌하거나 위협적인 사건을 연기 혹은 예방하기 위한 반응인 반면, 도피반응은 불쾌하거나 위협적인 자극을 종결하기 위한 반응이라고 개념화할 수 있다. 쉽게 표현하자면, 회피란 위협자극에 가까이 가지 않는 것이고, 도피란 위협자극에 직면했을 때 여기서 빠져나오는 것이라고 말할 수 있다.

회피 및 도피 행동을 일으키는 주요한 동기는 두려움이다. 학습심리학에서는 이와 같이 회피와 도피를 다소 엄격히 구분하기도 하지만, 대개의 심리학 문헌에서는 양자를 뚜렷이 구분하지 않고 대체로 회피라는 말로 통용한다. 이때 회피란 괴롭거나 힘든 상황을 직면하지 않으려고 외면하거나 여기에서 도피하는 대처방식으로 정의할 수 있다.

사람들은 불안을 느끼는 정도가 서로 다르다. 이에 따라 회피반응을 보이는 데 있어서도 개인차가 있다. 또한 사람마다 두려워하고 회피하려 하는 상황 역시 각기 다르게 마련이다. 어떤 사람은 뱀과 바퀴벌레를 두려워하고, 어떤 사람은 실수하는 것을 두려워하며, 또 어떤 사람은 자기 주변에 자기를 도와줄 사람이 아무도 없게 될 것을 두려워하기도 한다.

이 책에서 다루고자 하는 회피성 성격장애를 지닌 사람은 대인관계를 두려워하는 사람이다. 더 정확하게 말하자면, 이들은 다른 사람들의 비난이나 비판, 거부 등의 부정적인 반응을 두려워한다. 앞서도 언급하였듯이, 모든 불안에는 회피가 동반한다. 회피성 성격을 지닌 사람은 다른 사람들의 부정적인 반응이 두려워서 사회적인 접촉을 회피하려 한다.

그렇다고 회피성이라는 말 때문에 이들이 모든 상황을 회피하는 것으로 오해해서는 안 된다. 이들은 단지 두려운 사회적 관계를 회피하려는 사람일 뿐이다. 물론 이들이 특정한 일이나 직업을 회피할 수도 있는데, 이는 그 일이나 직업 자체가 두려워서라기보다는 그것이 요구하는 대인관계가 두려워서 나타나는 회피인 경우가 많다. 그렇다면 이들에 대해서 좀 더 자세히 알아보기로 하자.

## 2) 회피성 성격과 회피성 성격장애

### (1) 성격과 성격장애

"행동이란 개인의 성격 특성과 상황의 상호작용의 함수다." 이는 대부분의 성격심리학 교과서의 첫 장에서 흔히 접할 수 있는 말이다. 한 개인이 어떤 행동을 보일지 예측하기 위해서는 그 개인의 성격이 어떠한지와 그가 현재 어떤 상황에 처해 있는지를 알아야 한다는 것이다. 침착한 '성격'을 지닌 사람은 많은 경우 침착하게 '행동'한다. 그러나 그가 항상 모든 '상황'에서 침착하게 행동하는 것은 아니다. 가령, 호랑이가 눈앞에 나타난 상황에서는 그도 평소의 침착성을 잃고 허둥댈 수 있다. 이처럼 각각의 사람이 처한 상황이나 특수한 입장을 무시한 채로 성격에 대해서 논할 수 없는 것은 분명하다.

그럼에도 성격이라는 말은 한 사람의 내면 안에 굳어진 무언가를 지칭하는 말로, 너무나도 익숙하게 우리의 일상 언어 속에 깊게 스며있다. 특수한 상황의 영향으로 개인에게 독특한 행동이나 태도가 나타날 수 있는 경우는 매우 많고 실제로 그런 일이 빈번하게 일어남에도, 우리는 성격이라는 말을 통해 다른 사람이나 자신에 대해서 일관성을 가지고 설명할 수 있는 일종의 틀을 찾으려 하는 것 같다.

이처럼 성격이란 시간이 지나고 상황이 달라짐에도 '비교적' 일관적으로 나타나는 사람들의 태도나 행동의 특징적인 양식을 일컫는 말이다. 또한 성격이라는 말은 특정한 사람의 행동, 감정, 생각 등 다양한 요소가 이루어내는 하나의 패턴이라는 의미도 내포하고 있다.

그렇다면 성격장애란 무엇인가? 성격장애란 이러한 하나의 성격양식이 경직되고 융통성이 없어서 스스로에게 혹은 주변 사람들에게 많은 불편감을 가져다주고 있는 상태라고 볼 수 있다. 다양한 상황의 요구에 부응하여 행동하려면 유연하고

도 융통성 있는 성격이 필요하다. 성격이 상황에 따른 유연성과 탄력을 상실하여 융통성이 없고 경직된 패턴을 보이게 되면, 삶의 어느 영역에선가는 필연적으로 부적응이 나타나지 않을 수 없다. 대부분의 경우에 성격장애는 어렸을 때부터 조금씩 형성되어 온 것으로, 만성적인 양상을 보이는 것이 보통이다.

### (2) 회피성 성격과 회피성 성격장애

처음에는 차가운 사람인 줄 알았는데 친해질수록 따뜻하고 다정다감함이 느껴지는 사람을 만나본 적이 있는가? 처음 보는 사람 앞에서는 말수가 적고 시선을 잘 마주치지 않으며 사람들에게 관심이 없는 듯 냉정하게 보이기도 하지만, 친한 친구들이나 가족에게 둘러싸여 있을 때는 편안한 모습으로 웃기도 하고 재미있게 대화도 나누며 친근한 모습을 보이는 사람들을 주변에서 쉽게 찾아볼 수 있을 것이다. 이들은 '회피성 성격'을 지닌 것일 가능성이 높다.

즉, 이들은 친숙한 세계 속에서만 빛을 발하며, 가족과 친한 친구들로 둘러싸인 작은 성 안에서만 정서적인 안정감을 얻을 수 있는 사람이다. 이들은 작은 성 안에 있는 동안에는 편안하고, 따뜻하고, 자발적이고, 친밀하며, 매력적이기까지 하다. 그러나 안전한 성을 벗어나면 물 떠난 고기마냥 취약성을 드러낸다. 낯선 상황이나 친숙하지 않은 사람들을 접하면 이들은 정중한 듯하면서도 차갑고 무관심한 사람처럼 보인다. 때로 잠시 밝게 미소 지으며 인사를 나누고는 다른 약속을 핑계로 총총히 그 자리를 뜰지도 모른다.

어쩌면 그들의 냉정함과 무관심은 단지 가면에 불과할지도 모른다. 그 가면 아래에는 다른 사람들이 자신에게 나타낼 수 있는 비판과 거부에 대한 두려움이 자리 잡고 있는 것이다. 따라서 이들은 낯선 상황이나 친숙하지 않은 사람들을 대하는 것을 회피한다. 이들의 성격을 회피적이라고 하는 이유는 바로 여기에 있다.

이들은 실제로는 결코 냉정하지 않다. 친숙한 세계 속에서 드러나는 이들의 모습이 이것을 잘 증명해준다. 이들은 다른 사람들에게서 따뜻한 사랑과 수용을 받기 원하는 사람일 것이다. 그럼에도 이들은 왜 새로운 대인관계 상황에서 냉정한 거리를 유지하는 것일까? 그 이유는 아마도 낯선 사람들에게서는 자신이 원하는 사랑과 수용을 받을 수 있다는 확신이 서지 않기 때문일 것이다. 따뜻한 배려는커녕 비판과 거부를 당할지도 모르기 때문에 이러한 상황을 애써 피하려는 것이다. 이처럼 이들이 대인관계를 회피하는 이유는 역설적이게도 다른 사람들에게서 사랑과 인정을 받기 위한 욕구가 높기 때문이다.

이들을 멀리서만 바라본 사람은 이들이 얼마나 다른 사람들을 의식하며 두려워하는지, 그리고 또한 얼마나 다른 사람들과의 친밀함을 원하는지 알지 못한다. 이들이 쓰고 있는 냉정한 가면만을 볼 수 있을 뿐이다. 어쩌면 몇몇 사람에게 이들은 '나 같이 비천한 놈하고는 상대할 필요가 없다고 생각하는 도도한 친구'로 보일지도 모른다. 그야말로 얼음공주요, 눈의 여왕이라고 오해하는 것이다. 이들은 다른 사람들의 비판과 날카로운 시선을 두려워하기 때문에 좀처럼 자신의 모습을 있는 그대로 드러내지 않는다. 그래서 가까운 사람이 아니면 이들의 속마음을 알지 못한다. 이들은 늘 베일에 가려 있는 신비한 인물이어서 이들을 알게 되기까지는 오랜 시간이 걸린다. 이들 역시 사람들과 사귀는 데 있어 오랜 시간이 필요하다.

회피성 성격장애는 이러한 회피적 성격양식이 극단적으로 표현되는 경우라고 말할 수 있다. 즉, 회피성 성격장애는 수많은 대인관계 상황에서 회피행동이 나타나고, 이러한 경향이 만성화되어서 생활에 심한 역기능과 부적응이 초래됨에도 그러한 경향성을 벗어나지 못하는 경우를 일컫는다.

물론 회피적인 성격과 회피성 성격장애 간에 명확한 경계를 정하기란 어려운 일이다. "어디까지가 회피적인 성격이고 어디서부터가 장애라고 할 수 있는가?"라는 질문에 쉽게 답할 수 있는 사람은 아마도 없을 것이다. 이러한 질문은 마치 "몇

센티미터 이하이면 키가 작은 사람이고 몇 센티미터 이상이면 키가 큰 사람인가?"라는 물음과 마찬가지로 대답하기 어려운 질문이다. 회피적인 성격과 회피성 성격장애는 남자와 여자의 구분처럼 질적으로 다른 범주에 속하는 것이 아니라 단지 연속적인 차원 상에서 양적인 차이를 보이는 것일 뿐이다. 둘을 구분하는 기준이 있다면, 하나는 특성이 나타나는 정도의 차이고, 다른 하나는 생활에서 드러나는 부적응적인 결과의 차이라고 할 수 있다.

다음 절부터는 회피성 성격장애를 기술하고자 하는데, 많은 부분에서 회피적인 성격 특성이 더 강하게 나타나는 사람들을 염두에 두고 기술해나가겠지만, 때로 회피적인 양식이 약하게 드러나는 사람들의 모습을 묘사하기도 할 것이다. 만일 심한 회피성 성격장애에서 드러나는 모습만을 기술한다면 독자가 이들을 별세계에서 온 사람으로 착각하게 될 지도 모를 것이라는 기우 때문이다. 회피적인 모습을 경미하게 드러내는 사람들에 대한 기술을 통해 독자는 이들이 별세계에서 온 사람이 아니라 바로 자기 자신일 수도 있고 자기 주변의 사람일 수도 있음을 발견할 것이다. 더불어 독자의 관심도 회피성 성격장애를 이해하는 데에만 국한되지는 않을 것이라고 믿는다.

## 3) 회피성 성격장애의 개관

미국정신의학회의 DSM-5(2013)에서 규정하는 회피성 성격장애avoidant personality disorders는 사회적 억제, 부적절감 그리고 부정적 평가에 대한 과민성을 보이며, 타인이 자신을 거부하지 않을까 하는 데 지나치게 신경을 써서 확실한 보장이 없는 한 대인관계나 사회적 관계를 갖지 못하는 성격장애다. DSM-5와 함께 대표적인 진단분류체계로서 세계보건기구가 정한 ICD-10(1992)에서는 회피성 성격장애를 따로 규정하지 않고 이와 비슷한 증후군인 불안성격장애로 명명하고 있다.

회피성 성격장애는 역사적으로 비교적 최근에 그 이름이 거론되었다. 그 전에는 대개 학자에 따라 과민성 성격(Bleuler, Rado 등), 쇠약형 성격(Schneider, Kretschmer 등), 공포증적 성격(Fenichel), 소외형 성격(Menninger) 등으로 개념화되었다. 이러한 역사적 명칭에서 알 수 있듯이, 회피성 성격장애는 대인관계에서 지나치게 예민하고 민감하며 비난과 거절을 두려워하고, 인간관계가 너무나 부담스러워 사회적인 접촉을 회피하는 사람을 가리킨다.

이들은 다른 무엇보다도 대인관계를 가장 힘들어하고, 자신의 대인관계 형성에 장애가 있다는 사실 때문에 괴로워하며 자존심 상해한다. 또한 흔히 우울이나 불안장애를 부차적으로 동반하며, 사회적 집단에 참여하거나 직업생활에 적응하는 데 어려움을 보인다. 특히 많은 대인관계를 맺어야 하는 직업에 종사하는 것을 어려워한다.

그러나 대인관계를 회피하는 사람 중에서도 특정한 구분이 필요하다. 겉으로는 대인관계의 회피라는 공통적인 특징을 보이지만 다른 이유에서 사람들을 피하는 성격 유형이 있기 때문이다. 심리학 이론의 발전과 심리치료의 경험이 누적되면서, 학자들은 대인관계나 사회적 관계를 회피하는 경우에 있어서 2가지 서로 다른 성격 유형을 구분하기 시작하였다. 그중 하나는 여기서 다루고자 하는 회피성 성격장애이고, 다른 하나는 대인관계를 감당할 만한 정서적 자원이 결여되어 있어서 의미 있는 관계 형성에 실패하는 성격 유형인 분열성 성격장애schizoid personality disorders다. 분열성 성격장애를 지닌 사람은 비사교적이고 차가우며 대인접촉을 거의 하지 않는다. 그러나 중요한 것은 이들이 대인접촉의 영향을 거의 받지 않으며, 또한 그것에 거의 신경을 쓰지도 않는다는 사실이다.

회피성 성격장애를 지닌 사람은 비록 분열성 성격장애를 지닌 사람과 겉으로는 비슷하게 보일지 모르지만, 이들을 움직이는 내면의 심리기제는 전혀 다르다. 이들은 대인접촉의 영향을 많이 받는 사람으로서, 다른 사람들의 반응의 영향을 너무 많이 받기 때문에 대인관계를 감당하지 못하는 사람이다

(Millon & Davis, 1996). 이 2가지 장애의 기제를 가장 명확히 구분하면서 공식적인 진단분류체계에 이 두 장애를 나누어 싣도록 강하게 주장한 학자는 Millon이다. 그의 주장에 대해서는 다음 절에서 자세히 살펴보고, 우선 회피성 성격장애의 개략적인 모습을 살펴보도록 하자.

Millon이 공식적으로 명명한 회피성 성격장애는 타인이 자기를 거부하지 않을까 하는 데 매우 민감해하고, 강한 예기불안을 보이는 성향을 일컫는다. 타인이 자기를 싫어하는 것 같은 눈치가 조금이라도 보이면 실망과 모욕감을 느끼고, 또 이를 미리 방어하기 위하여 사회 참여나 대인관계 형성의 기회를 멀리한다.

그러나 앞서도 언급하였듯이, 겉으로 보이는 것과 달리 이들은 근본적으로 비사회적인 것이 아니라 오히려 인간관계에 대한 욕구가 강하지만 부끄러움을 너무 많이 타고 거부에 극도로 민감한 사람이다. 또한 자신이 비판받지 않고 수용되고 있다는 확신을 남보다 더 많이 필요로 한다. 이들은 대화를 나눌 때에도 자신감이 없어 보이고 불확실하다는 표현을 많이 한다.

이들에게 다른 사람들 앞에 나가 이야기하는 것은 제일 어려운 일로서, 만약 다른 사람이 자신의 이야기에 대한 비판을 하면 그것을 망신이나 모욕으로 해석하곤 한다. 다른 사람들에게 부탁을 하는 것도 이들에게는 힘든 일이다. 부탁을 했을 때 상대방에게 거절당하면 마음에 상처를 입고 위축되기 때문에 거절당할 기회를 원천 봉쇄하기 위해 아예 부탁을 하지 않기도 한다. 똑같은 이유로, 다른 사람들이 받을 상처를 염려하여 다른 사람들의 부탁을 쉽게 거절하지 못하기도 한다.

이들이 대인관계를 그토록 어려워하는 것은 인간관계에서 비판이나 무시를 당하는 것에 매우 민감하기 때문인 것 같다. 물론 비판이나 모욕이 아무렇지도 않은 사람은 거의 없겠지만, 이들은 특히 더 깊이 상처받고 위축된다. 그렇게 깊이 상처받고 괴로워하는 것을 보면, 아마도 이들은 오히려 다른 사람에게 받아들여지기를 간절히 바라는 것 같다. 바로 이런 이유로, 이들이 사회적 관계를 회피하는 기제에 대해 분열성 성격장애에서처럼 대인관계의 욕구나 민감성이 결핍되었기 때문이라고 보지 않고 오히려 지나치게 민감하여 자기방어기제가 적극적으로 발동하였기 때문이라고 보는 것이다.

그러나 다른 사람들이 이러한 심리를 이해하기 전에 이들은 워낙 거리를 두고 잘 알 수 없는데다가, 실제 인간관계 상황에서는 너무나 긴장하고 두려워하기까지 하므로 심지어 다른 사람들의 놀림감이 되기도 한다. 이들은 다른 사람을 놀리기 좋아하는 사람에게는 더욱 취약하다. 이러한 경험은 이들의 내면적 믿음을 강화하는 계기로 작용하거나 이들의 과거 상처를 자극하게 될 수 있다.

이들은 잠재적으로 자신에게 위협이 될 수 있는 다른 사람의 영향을 최대한 배제하면서도 다른 사람과 적당한 접촉을 유지하는 한 가지 방법으로 일정한 거리두기detaching 방법을 적극적으로 채택하곤 한다. 이때는 비록 분열성 성격장애 환자처럼 차가워 보이지는 않지만, 좀처럼 거리를 좁힐 수 없으며 친해지기 어렵다는 문제가 남는다. 그러나 중요한 것은 이들이 근본적으로 차가운 느낌을 유발하는 사람은 아니라는 것이다(이정태, 채영래 역, 2008; Millon & Davis, 1996; 이정균, 2000).

## 4) 회피성 성격장애의 역사적 고찰

회피성 성격장애라는 용어는 1969년 Millon에 이르러서야 채택되었지만, 이 장애의 역사적 전조가 없었던 것은 아니다. 1905년에 Bleuler는 이미 지나친 정서적 예민성 때문에 인간관계를 회피하는 기제를 가진 사람에 대해서 언급하였다. 그는 정신병적 증세에 이르는 여러 경로를 논의하면서, 이 중의 하나로 감정 경험이 너무나 강력하기 때문에 현실 세계로부터 등을 돌려야 하는 사람들이 있다고 하였다. 민감성을 중시한 이와 같은 설명은 현대의 분열성 성격장애와 회피성 성격장애

를 구분하는 데 있어 정서적 자원의 결핍을 주요 기준으로 삼
는 논의와 일치하는 것 같다.

비슷한 시기에 Schneider도 '쇠약형 성격aesthenic personality'
에 대해서 언급하였다. 그가 말한 쇠약형 성격은 신체나 정신
에 너무 집착한 나머지 정상적인 경우라면 잊고 살 법한 자극
및 감정을 그냥 지나치지 못하여 종국에는 심신 쇠약에 이르
는 성격이다. Schneider는 진실의 단면을 잘 꿰뚫은 것 같다.
그는 모름지기 인간의 특정한 활동이 자기self의 한 부분으로
통합되기 위해서는 반쯤만의 조명을 필요로 한다고 하였다.
그렇지 않고 신체나 마음이 완전한 조명을 받으면, 다시 말해
서 신체나 마음에 너무나 집착하면 그때부터 뭔가 부드럽게
넘어가지 않고 자연스러운 심신 기능 및 자기로의 통합이 어
렵다고 하였다. 간단히 말해, 너무 예민한 것이나 너무 상처를
잘 받는 것은 너무 관심이 많기 때문에 일어나는 문제이고, 이
는 몸과 마음을 오히려 쇠약하게 하는 길이라는 것이다.

분열성 성격의 개념을 만들어 낸 사람으로도 인정받고 있
는 Kretschmer(1923)는 쇠약형을 두 개의 극으로 나누어서
설명하였다. 하나는 오늘날 분열성 성격 개념으로 이어지는
쇠약형aesthenic이고, 다른 하나는 회피성 성격 개념으로 이어
지는 과민쇠약형hyperaesthenic이다. Kretschmer는 과민쇠약형
의 경우 끊임없이 자기분석과 비교에 시달리며 일상생활의 사

소한 문제라도 그냥 지나치지 못하고 체내에 축적한다고 하였다. 그에 따르면 이들은 "영혼 안에 쉴 곳이 없고, 겉으로 보이는 조용함의 이면에는 어마어마한 긴장이 도사리고 있는" 사람이다. 이러한 지나친 자극의 과잉 홍수에 대하여 과민쇠약형은 외부의 모든 자극을 회피하고 사장시키는 방향으로 나아가게 된다고 하였다.

이후의 주요한 학문적 풍토였던 정신분석 이론에서는 이와 같은 임상 집단을 학자에 따라 여러 가지 개념으로 파악하였다. Reich(1933)는 이들이 보호 장치로 쌓아 올린 담장과 같은 측면을 언급하였다. Reich에 따르면, 이들은 유아기적 불안을 방어하기 위하여 견고한 보호막을 구축했지만 그 대가로 삶의 기쁨도 함께 상실한 사람이다. 그는 자신의 분석 경험으로 볼 때 유아기적 불안을 가로막고 있는 철통 같은 성격의 갑옷을 해체하지 않는 한 분석치료는 어느 쪽으로도 진전이 안 된다고 하였다.

또 다른 정신분석학자인 Menninger(1930)는 자신의 분석 경험을 바탕으로 사회적 부적응 성격에는 2가지 유형이 있다고 하였다. 그중 하나는 '기질적으로' 비사회적이며 정말로 혼자 있는 것을 더 좋아하는 사람이다. 이에 비해 또 다른 유형은 아웃사이더이지만 인간관계를 그리워하고, "(인간관계의) 물에 뛰어들어 수영하고 싶지만" 두려움과 공포감을 어떻게 처리해야 할지 알지 못하는 사람이라고 하였다. Menninger는 전자를 분열성 성격이라고 하였고, 후자에는 마땅한 개념이 없어서 '소외형 성격isolated personality' 이라고 이름 붙였다. 다른 정신분석가들도 Menninger의 이러한 구분에 동의했는데, 다만 학자에 따라 소외형 성격 유형을 공포증적 성격 또는 과민반응성 장애라고 이름 붙였다.

정통 정신분석을 고수하지 않고 자기 나름의 학문적 견해를 펴나갔으며, 신프로이트학파의 일원으로 소개되기도 하는 Horney(1937)는 인간관계에 대한 사람들의 경향성을 3가지로 구분하였다. 그녀에 따르면 사람들은 대체로 인간 접근적 경향성, 인간 회피적 경향성, 인간 적대적 경향성을 지닌 것으로 구분할 수 있다. 인간 접근적 경향성을 지닌 사람은 타인을 찾고 타인에게 접근하여 친밀한 관계를 형성하고자 한다. 인간 적대적 경향성을 지닌 사람은 타인에게 접근적인 태도를 가지고는 있지만 상대방을 경쟁 상대 또는 적으로 느끼고 공격적이거나 지배적인 태도를 나타낸다. 이 둘에 비하여 인간 회피적 경향성을 지닌 사람은 다른 사람과 거리를 유지하기를 소망하면서도 눈에 보이지 않지만 아무도 뚫을 수 없는 일종의 벽을 쌓는다. 이들은 자신을 보호하는 방법으로서 어느 누구에게도 애착을 느끼지 않고 아무도 자신을 가까이하지 않도록 만든다.

Horney에 따르면, 인간 회피적 경향성을 지닌 사람은 자신에 대해 깊이 회의하고 비판하면서 스스로를 받아들이지 못하기 때문에 자신의 모든 단점을 다 아는 타인이 자신에게 우호적이거나 자기를 받아들일 리가 없을 것이라고 생각한다고 본다(Millon & Davis, 1996).

회피성 성격장애가 공식적인 정신장애 진단분류체계에 등장한 것은 미국정신의학회가 발간한 DSM-Ⅲ(1980)부터다. 그 이전까지는 회피성 성격장애를 따로 구분하지 않았다. 하지만 DSM-Ⅱ의 분열성 성격장애에 대한 진단 범주가 너무 넓다고 생각한 연구자들이 1980년 제3판(DSM-Ⅲ)의 출판을 기하여 이를 분열성, 회피성 및 분열형 성격장애의 3가지로 구분한 것이다. 그러나 이전에는 회피성 성격장애가 임상에서 진단명으로 쓰인 일이 전혀 없었기 때문에 이러한 구분은 오히려 임상가들을 혼란스럽게 하였다. 그럼에도 분열성 성격장애와 회피성 성격장애를 구별하기로 한 결정에는 Millon의 진단체계가 주된 역할을 하였다(이정태, 채영래 역, 2008).

Millon은 DSM 체계에서 축Ⅱ의 진단 범주에 대한 최후의 결정에 큰 영향을 준 인물이다. 그는 이 두 범주의 환자들은 대인관계에 접근하는 방법에 차이가 있으므로 둘을 별개로 구분하는 것이 당연하다고 주장하였다. 그에 따르면 분열성 성격장애와 회피성 성격장애는 공통적으로 거리두기 성격

detached personality에 해당하지만, 회피성 성격장애는 적극적 거리두기 성격이고 분열성 성격장애는 소극적 거리두기 성격이라고 하였다.

회피성 성격장애의 적극적 거리두기 대처양식은 분열성 성격장애의 소극적 거리두기 양식과 대조적이다. Millon에 따르면, 분열성 성격장애 환자는 타인과 관계를 형성할 수도 없고 여기에 흥미를 가지고 있지도 않으므로 타인과 거리를 유지하기 위하여 일부러 노력하거나 애쓰지 않는다. 이런 면에서 그들은 소극적이다. 그러나 회피성 성격장애 환자는 관계형성에 관심도 있고 능력도 있지만, 멸시나 비난을 두려워하고 이로 인해 상처받을까 봐 대인관계를 적극적으로 회피한다. 이런 점에서 그들은 적극적이다(Millon & Davis, 1996).

그러나 회피성 성격장애와 분열성 성격장애를 구별하고자 하는 시도는 많은 연구자의 비판을 받았으며 아직까지도 논란이 분분한 부분이다(이정태, 채영래 역, 2008). Millon은 친밀한 관계에 대한 소망이 있는지 없는지의 기준을 두 장애의 구분 근거로 들었지만, 다른 학자들은 분열성 성격장애 환자가 다른 사람에 대한 관심이 결여된 듯이 보이는 것은 단지 외견상의 모습일 뿐이라고 지적하였다. 즉, 분열성 성격장애 환자들 역시 속으로는 친밀함을 갈망하고 있지만 두려움 때문에 대인관계에서의 고립이라는 방어적인 자세를 취하고 있다는 것이다. 사실상 두 장애 간의 진단 기준이 명확히 다르지 않고 많은 부분이 의미상 겹치기 때문에, 2가지 장애를 구분하는 것 자체가 적절치 못하다는 주장도 제기되었다.

이를 경험적으로 증명하기 위해 정신과 외래 환자들을 대상으로 이루어진 몇몇 연구에서도 모순된 결과가 나타났다. 정신과 외래 환자 82명을 대상으로 분열성 성격장애와 회피성 성격장애 진단을 조사한 한 연구(Reich & Noyes, 1986)에서는 분열성 성격장애로 진단받은 환자 중 많은 수가 회피성 성격장애의 진단 기준도 동시에 만족시켰다. 이러한 결과는 두 장애의 구별이 인위적인 것임을 시사한다.

한편, 또 다른 연구들에서는 회피성 성격장애와 분열성 성격장애 간의 관련이 낮게 나타났고, 회피성 성격장애는 오히려 의존성 성격장애와 상당 부분 중복되는 것으로 나타났다. 이러한 결과는 회피성 성격장애가 분열성 성격장애와 구분된다는 입장을 지지한다(이정태, 채영래 역, 2008).

이러한 논쟁을 토대로 DSM-III-R(1987)에서는 진단 기준이 다소 변화하였다. 여러 가지 변화 중 가장 핵심적인 것은 정신분석적 전통에서 제안한 공포증적 성격phobic personality 개념을 도입한 것이다. 아울러 회피성 성격장애와 다른 성격장애의 구별을 심리구조적 측면에서도 조명하였다. 즉, 분열성 및 분열형 성격장애는 심리구조적 측면에서 보면 보다 원시적인 장애로서 결핍 모형에 해당하지만, 회피성 성격장애는 갈등 모형을 통해 더 잘 파악되는 신경증적 성격이라는 것이다.

결핍 모형에 따르면 분열성 성격장애 환자는 주체성의 혼미와 분열을 주된 양상으로 보이기 때문에 넓게는 경계선 성격구조 집단의 하나가 된다. 이와 반대로 회피성 성격장애는 갈등 모형을 따르기 때문에 주체성의 혼미가 나타나지 않으며, 분열보다는 억압 혹은 보다 높은 수준의 다른 방어기제를 사용한다는 측면에서 신경증적이라고 할 수 있다. 이러한 입장에서 볼 때 회피성 성격은 공포신경증phobic neuroses의 성격적 표현이라고 할 수 있다(이정태, 채영래 역, 2008).

회피성 성격장애는 DSM-Ⅲ(1980), DSM-Ⅲ-R(1987), DSM-Ⅳ(1994)로 개정을 거듭하며 총 7개의 진단 기준으로 확정되었다. DSM-5(2013)에서는 DSM-Ⅳ의 진단 기준을 변화 없이 그대로 유지하고 있다. DSM-5에서 제시하는 회피성 성격장애 진단 기준은 다음 표에 나와 있다.

 **회피성 성격장애 진단 기준** (DSM-5; APA, 2013)

전반에 걸친 사회적 억제, 부적절감 그리고 부정적 평가에 대한 과민성이 청년기에 시작하여 여러 측면에서 나타나고, 다음 중 적어도 4가지 이상의 증상이 나타난다.

1. 비난이나 비판 혹은 거절에 대한 공포 때문에 중요한 대인 간의 접촉을 필요로 하는 직업활동을 회피한다.
2. 자신을 좋아한다는 확신이 없으면 다른 사람들의 일에 관여하지 않으려 한다.
3. 창피를 당하거나 조롱을 받을까 봐 두려워서 친밀한 관계 외에는 갖지 않으려 한다.
4. 사회적 상황에서 비판을 받고 거부당하는 것에 집착한다.
5. 부적절감 때문에 새로운 대인관계적 상황에서는 억제되어 있다.
6. 자기 자신을 사회적으로 어리석고, 개인적으로는 매력이 없으며, 다른 사람에 비하여 열등하다고 여긴다.
7. 당황하게 될까 봐 개인적인 위험을 감수하거나 새로운 활동에 참가하는 것을 지나치게 주저한다.

## 5) 회피성 성격장애의 특성

### (1) 외현적 행동

회피성 성격장애를 지닌 사람이 내면의 불안과 부적절감을 드러내지 않고 어느 정도 성공적으로 자신의 모습을 방어하고 있는 동안에는 다른 사람들에게 무관심하고 냉정한 사람 정도로만 보이고 단지 말수가 적고 잘 나서지 않으며 은둔하는 사람으로만 비친다. 이들은 자신의 생각과 감정을 거의 드러내지 않고 다른 사람과 일정한 거리를 두기 때문에 다른 사람들의 눈에 잘 띄지 않는다.

그러나 장애가 심해질수록 내면의 불안이 이러한 가면을 뚫고 표면으로 드러나기 시작하는데, 겉으로 보아도 편안해 보이지 않고 어딘가 불안해하는 면이 관찰된다. 혹은 별것도 아닌 일에 지나친 반응을 보이며 안절부절못한다. 어조는 대개 느리고 딱딱하며, 말이나 생각이 자주 끊기곤 하여 다소 어색하게 보이기도 한다. 자세도 긴장되고 경직되어 보이며, 가끔 조금씩 몸을 떨기도 한다. 이들은 자신의 감정을 거의 표현하지 않으며, 다른 사람의 눈에는 수줍음을 많이 타고 불편해하는 것으로 보인다. 그러나 친한 극소수의 사람과 함께 있을 때에는 전혀 다른 사람이 된 것처럼 따뜻하고 편안한 모습을 되찾는다.

### (2) 대인관계 양상

회피성 성격장애의 대인관계 특징은 한마디로 '거리두기'로 요약할 수 있다. 이들은 사람들이 자기를 좋아하고 완전히 받아줄 거라는 충분한 확신이 없는 한 어떻게 해서든 인간관계를 피하려고 한다. 때로는 실제로 따돌림을 당하거나 거부당했던 아픈 경험을 지니고 있는 경우도 있다. 이러한 사건은 이들이 다른 사람을 믿지 않거나 대인관계를 불안하게 느끼는 계기가 되곤 한다. 즉, 이들은 과거의 상처를 자극하거나 떠올

릴 수도 있는 경험을 만들지 않기 위하여 인간관계를 적극적
으로 최소화시키는 것 같다.

이들은 개인적 사유를 핑계로 내세우면서 가급적이면 사회
적 책임을 맡지 않으려 한다. 사람들이 자기를 거의 무조건 받
아줄 거라는 충분한 확신이 없는 한 타인의 존재는 이들에게
위협이 되는 것 같다. 또한 일대일의 상황을 만들지 않으려 하
며, 다른 사람이 자신을 무시하는 것은 아닌지 은근히 떠보기
도 한다. 따라서 이들을 잘 알지 못하는 사람들은 이들이 차갑
고 냉정하다고 본다. 그러나 이들을 가까이에서 지켜본 사람
들은 이들이 본질적으로 차갑다기보다는 타인에게서 상처받
을까 봐 두려워하기 때문에 그렇게 보이는 것임을 금세 알아
차린다.

이들은 불편한 대인관계를 회피한다. 이러한 대인관계의
회피는 이들에게 고통스러운 아이러니다. 친밀한 대인관계를
회피함으로써 한편으로는 거부당할지도 모른다는 불안감을
회피하는 데 성공할 수 있지만, 다른 한편으로는 그들이 진심
으로 깊이 소망하는 다른 사람에게 받아들여지고 사랑받을 수
있는 기회를 스스로 차단할 수밖에 없기 때문이다.

또한 이들은 '사람들은 절대로 나를 사랑하지 않을 것'이라
고 생각한다. 이렇게 생각하니까 사람들과 거리를 두게 되는
데, 사람들은 반대로 이들이 대인관계를 원치 않는 사람이라

고 인식하게 되어 거리를 두게 된다. 이렇게 되면 회피성 성격 장애를 지닌 사람은 다른 사람들이 자신에 대해 거리를 두는 것을 보고 자신의 생각을 확신하게 된다. 결국 자신의 생각이 자신의 행동을 통해 실현되고 마는 것이다.

### (3) 지각과 인지적 양상

자주 비교되는 분열성 성격장애와 회피성 성격장애는 지각 과 인지적 영역에서도 다르다. 분열성 성격장애를 지닌 사람 은 주변 환경에 지각적으로 둔감한 데 비하여, 회피성 성격장 애를 지닌 사람은 주변 자극의 변화나 미묘한 차이에 지각적 으로 매우 민감하다. 아마도 이들은 타인의 거절이나 무시를 피하는 가장 효과적인 방법은 그러한 사건을 예고하는 작은 단서에도 민감해지는 것임을 스스로 학습한 것 같다.

회피성 성격장애의 인지적 특징 중 하나는 환경 내에 존재 하는 잠재적 위협을 '훑어보는' 능력이다. 이들은 한 번의 짧 은 시선을 통해서도 혹시라도 위험을 초래할 수 있는 무시나 경멸, 멸시의 단서를 재빠르게 포착하는 것 같다. 이들은 다른 사람들의 은밀한 감정이나 의도에 매우 민감하며, 매순간 상 대방의 움직임과 표현을 훑어보고 평가한다. 상대방의 어조 나 감정 표현의 미묘한 부분, 일순간의 표정 변화 등 보통은 지나치고 넘어가는 사소한 부분까지 예민하게 포착하려 한다.

이때 이러한 예민성으로 인해서 스스로 생각하는 특정한 위험을 피할 수 있을지는 모르지만, 이는 과도한 자극을 처리해야 하는 부담을 지게 만들고, 아울러 일상적인 과제를 효과적으로 처리할 수 있는 인지적 용량을 감소시킴으로써 자연스러운 접촉을 방해한다.

이들의 또 다른 인지적 특징은 위험과 관련된 내면적 사고가 아무 때나 떠오른다는 것이다. 이러한 내면적 사고는 스스로 통제하기가 어려우며 떨쳐버리기도 쉽지 않기 때문에, 현재 상황에서 사고의 흐름을 단절시키고 타인과의 의사소통을 방해한다. 이러한 인지적 양상은 사회적 장면에서 가장 두드러지게 나타나는데, 이때 회피성 성격장애를 지닌 사람은 급격히 지각적으로 예민해지고 정서적으로 혼란스러워지는 것 같다.

### (4) 자아상

회피성 성격장애를 지닌 사람의 자신감은 현재 그 자리에 있는 사람의 수와 반비례하는 것 같다. 이들은 사람이 많을수록, 특히 친숙하지 않은 사람이 많을수록 자신감이 현저히 저하된다. 잘 알지 못하는 사람들 속에서 이들은 '이상한 나라의 앨리스'가 된다. 사람들 속에 있을 때면 막연히 자기 자신은 작아 보이고 다른 사람들은 커 보이는 것이다.

　회피적인 사람들은 대부분 스스로를 사회적 부적격자이자 못난 사람이라고 느낀다. 스스로 자신에게는 매력이 없고 사회적으로 부적절하다고 생각하며, 자신이 성공적인 결과를 거두어도 별것 아니라고 평가절하한다. 이들은 자신이 소외되고 거부당하면 자기 내부에서 소외되어도 마땅하다고 생각하는 타당성을 얼마든지 찾아내곤 한다. 또 전형적으로 자기 자신을 불편하고 불안하며 슬프다고 표현한다. 아무도 자신을 반기지 않는 것 같고 외롭고 고독하다고 생각하며, 다른 사람들이 두렵고 그들을 믿을 수 없다고 생각한다. 또한 사람들은 대개 비판적이고 배신을 잘하며 모욕과 수치심을 안겨준다고 말한다. 정말로 이러한 시각으로 세상을 바라본다면 사회와 인간관계를 두려워하는 것도 당연하다.

　이들은 다른 사람들을 한눈에 훑어본다. 그러나 엄밀히 말하면, 이들이 훑어보는 것은 다른 사람들의 특성이 아니다. 다른 사람들이 '자신에 대해' 어떤 시선으로 어떤 반응을 보이는가를 훑어보는 것이다. 또한 이들은 다른 사람들을 의심한다. 그러나 이들이 의심하는 것은 그들의 배후에 있는 동기나 의도가 아니다. 단지 그들이 '자신을' 사랑하고 수용할 것인가를 의심하는 것이다. 따라서 사실상 이들이 의심하는 것은 자기 자신이다. 이들은 사랑스럽지 않고 사회적으로 부적절하고 매력이 없다며 끊임없이 자기 자신을 의심하고, 끊임없이 다른 사람들의 반응을 의식한다. 그러나 더 정확히 얘기하자면, 이들은 다른 사람들을 의식하는 것이 아니라 그들의 눈에 비친 자기 자신의 모습을 의식하고 있는 것이다. 이들은 특히 사회적 장면에서 자의식이 매우 강한 사람이다.

### (5) 사회적 · 직업적 영역

이들은 낯선 상황이나 새로운 일을 두려워한다. 당혹스러움 혹은 불안을 피하기 위해서 늘 익숙한 환경에 머무르려 하고, 한 번도 가보지 않은 새로운 곳으로 여행하기를 싫어한다. 마찬가지로 일을 할 때도 늘 해오던 고정된 일과에서 벗어난 일을 떠맡게 될까 봐 두려워한다. 이들은 자신의 일상 습관의 피조물인 것이다.

이들은 흔히 비중심적인 업무를 맡는 것을 더 좋아하고, 거의 업무상 권위를 내세우지 않는다. 누군가가 자세히 지도 감독해주는 한 수동적인 범위 내에서 직무를 완수하기도 하지만, 그 이상의 책임과 적극성이 요구되는 직무를 감당할 수 없기 때문에 종종 자기계발 및 직업 유지에 실패하기도 한다. 사회적 · 직업적 실패는 이들의 자아상을 확인하게 만드는 증거로 작용함으로써 더욱더 비참한 악순환의 고리를 만들 수 있다.

### (6) 대상표상

정신분석적 관점에서 볼 때 회피성 성격장애가 갈등 모형에 따른 신경증의 성격적 표현인지, 결핍 모형에 따라 심리구조적 취약성을 동반하는 경계선적 성격구조 집단의 일원인지에는 아직 논란의 여지가 있다. 어쩌면 단정적으로 말할 수 없는 문제인지도 모른다.

Millon은 회피성 성격장애의 대상표상object-representation에 대하여 비교적 자세히 언급하였다. 앞서의 구분에 대해서 명시적으로 언급하지는 않았지만 그가 기술하고 있는 대상표상의 질에 따르면 회피성 성격은 보다 심리구조적인 취약성을 동반하는 것 같다. 그는 회피성 성격장애의 대상표상에 대하여 다음과 같이 기술하고 있다(Millon & Davis, 1996).

(회피성 성격장애를 지닌 사람은) 초기의 불행했던 관계 혹은 유감스럽거나 문제가 있는 관계에 대한 기억이 대상표상에 내재화된 경우가 많으며, 이는 최소한의 자극에도 금세 재활성화되는 것 같다. 반대로 우리가 어려울 때 기댈 수 있고 희망을 잃지 않을 수 있는 보다 긍정적인 성질의 기억은 이들에게 매우 제한되어 있다. 불행했던 관계에 대한 기억은 쉽게 확산적으로 퍼져나가 현재의 갈등이나 스트레스에 문제 중심적으로 대처하기보다는 막연한 좌절감에 휘둘

리기 쉽도록 만든다.

이들은 마치 내면적으로는 공허함과 상처가 가득하고, 외면적으로는 오직 스트레스로 가득 찬 세상만이 존재하는 최악의 두 세계에 갇혀버린 것 같다. 이들은 바깥세상에서 도망쳐와도 안이 편안하지 않기 때문에 휴식과 평화를 얻을 수 없다. 자기 자신에게서 위안과 자유를 얻지 못하는 것이다.

이들은 삶의 초기에 경험한 멸시와 자기비하의 독소적 태도를 내재화했기 때문에 어떠한 성취로부터도 거의 즐거움을 경험하지 못하는 것 같다. 대신에 수치심과 자기비하, 모욕의 감정은 쉽게 재활성화된다. 다른 사람과 같이 있음으로 해서 유발되는 고통으로부터는 도망칠 수 있으나 자기 자신에게서 유발되는 괴로움으로부터는 도망칠 수 없기 때문에 어떤 의미에서 이들은 혼자 있는 것이 더 괴로울지도 모른다.

자기를 물리적으로 회피할 수 없고 자기 존재로부터 도망칠 수 없으며, 자기 존재로부터 숨을 수도 없기 때문에 이들에게는 자기를 감당하는 것이 더 어려운 일이 될 수 있다. 그러나 이들은 자기가치감과 자기존경심이 결여되어 있기 때문에 항상 자기연민과 비참함, 황량함으로 인한 고통스러운 감정을 피할 수 없다.

## (7) 조절기제

### ① 차단

회피성 성격장애를 지닌 사람이 자기를 조절하기 위해서 가장 많이 의지하는 기제는 고통스러운 사고와 감정을 차단하 거나 억압하는 것이다. 마음속에 일렁이는 불안과 충동, 소망 역시 차단되거나 변형 또는 왜곡된다. 이들은 정상적인 사고 혹은 있는 그대로의 감정을 차단하고 혼합하여 뒤죽박죽으로 만들기 때문에 전반적으로 사고와 감정 세계가 조화되지 않은 불협화음을 이룬다. 이들에게는 자신을 있는 그대로 느낌으 로써 받는 예리한 고통과 괴로움을 경험하는 것보다 차라리 모호한 부조화를 경험하는 것이 더 나은 것 같다.

그러나 이렇게 그 자신의 내면세계를 통제하려는 노력함에 도 고통스럽고 위협이 되는 생각과 감정이 주기적으로 떠오름 으로써 보다 안정된 인지적 과정이 방해를 받고, 가까스로 이 룩한 정서적 평형 역시 교란된다.

### ② 환상

회피성 성격장애를 지닌 사람이 많이 의지하는 또 다른 자 기조절 기제는 환상과 상상이다. 이들은 환상과 상상을 통해 만족을 얻고 그 속에서 작으나마 자기가치감을 구축하며 갈등을 해소한다. 또한 이들은 공상과 환상 속에서 좌절된 정서적 욕구를 해결하고 분노에 찬 공격적 충동을 방출한다. 그러나 환상은 결국 소망과 객관적 현실 간의 대조를 극명하게 보여 주기 때문에 궁극적으로 또 다른 스트레스의 원천이 된다.

### ③ 억압

모든 감정을 억압하는 것이 종종 유일한 위안의 방식이 되기도 한다. 그래서 이들의 첫인상이 무표정하고 감정이 없으며 무관심해 보이는지도 모르겠다. 그러나 인상에 가려져 보이지는 않을지라도, 이들이 진정으로 경험하는 것은 내적인 혼란과 강렬한 정동이다.

### ④ 심리구조

회피와 환상은 비록 지나치게 많이 사용되기는 하지만, 평상시에 회피성 성격장애를 지닌 사람의 심리구조를 버티게 해주는 역할을 한다. 그러나 특정한 도전이나 예기치 못한 스트레스에 직면했을 때 이러한 어려움을 충분히 감내할 수 있는 역동적 기제 및 심리구조를 구축해놓은 회피성 성격장애를 지닌 사람은 드문 것 같다. 이들은 대개 일시적인 퇴행적 와해 후에도 다시 되돌아올 수 있는 심리구조의 버팀목과 탄력성이 별로 없다. 현실을 직시하지 않는 사람들에게 튼튼하고 탄력 있는 심리구조가 구축될 리 없는 것이다.

회피성 성격장애를 지닌 사람은 자기를 보호하기 위하여 회피와 환상기제에 과도하게 의지하기 때문에 현실과의 접촉 기회가 매우 적다. 뿐만 아니라 자신의 공격성이나 부정적인 감정 역시 이들에게는 너무나 큰 위협이 되어 자기 경험에서 배제해버리기 때문에 선악의 세계가 통합되지 못하고 양가감 정을 버티는 일이 어려워진다. 이러한 방어 과정에 심리적 에 너지가 헛되이 소모됨으로써 심리구조는 연약하고 부서지기 쉬운 상태로 계속 남게 된다.

## ⑤ 핵심 갈등

회피성 성격장애를 지닌 사람이 느끼는 가장 큰 갈등은 사 랑과 불신의 갈등이다. 이들이 진실로 소망하는 것은 친밀하 고 따뜻하며 애정 어린 지지다. 그러나 이들은 그것을 향한 자 신의 행동이 결국은 고통과 착각으로 밝혀지리라는 믿음을 떨 쳐버리지 못한다. 그리고 자신의 약점을 모두 알고 있는 다른 사람이 자신에게 너그러울 것이라고는 결코 생각하지 못한다.

아울러 이들은 자기의 능력에 중대한 회의를 품기 때문에 이 사회의 경쟁을 헤쳐 나가는 것도 매우 힘겨워한다. 따라서 자율과 독립을 향한 자신의 노력이 결국 실패로 돌아가서 다 른 사람들의 비웃음을 사고 말 것이라는 두려움에 사로잡혀 있다.

결국 회피성 성격장애를 지닌 사람은 환상을 통한 대리충족만이 가능할 뿐, 진정한 충족을 위한 모든 통로가 이와 같이 갈등으로 점철되어 있기 때문에 심리구조를 새롭게 건설할 기회를 갖지 못하게 된다.

## ⑥ 정서적 마비

회피성 성격장애를 지닌 사람은 자신의 정서 상태를 긴장과 슬픔, 분노의 물결 속에 있다고 묘사한다. 이들은 자신의 몸이 향하는 곳마다 괴로운 일뿐이라고 생각하기 때문에 채워지지 않는 애정 소망과 거절의 두려움 사이에서 시계추처럼 왔다 갔다 한다. 혼란과 슬픔이 만성화되면 이들은 거의 정서적 마비 상태로 넘어간다. 애정에 대한 소망과 기대 자체를 철저히 포기하는 것이다.

정서적 마비는 이들에게 고통의 결과이면서 동시에 고통에 대한 일종의 해결방식인 것 같다. 갈등에 대한 이들의 해결방식은 자신에게 일체의 어떤 것도 허락하지 않는 것이다. 이들은 아픔을 피하기 위해 아무것도 원하지 않고, 누구에게도 의지하지 않으며, 아무것도 소망하지 않는다. 심지어 자기 자신으로부터도 눈을 돌린다. 자신의 사랑스럽지 못함과 매력 없음으로부터 눈을 돌리고, 자신의 갈등과 부조화로부터 등을 돌린다. 이들에게 인생은 자신에게서나 다른 사람에게서 등을 돌리며 아무것도 경험하지 않는 종류의 것이다(Millon & Davis, 1996; Millon & Everly, 1985; 이정태, 채영래 역, 2008).

## 6) 유병률과 경과

회피성 성격장애의 유병률은 연구에 따라 매우 달라서 1~10%로 제시되고 있다. DSM-5(2013)에서는 미국의 2001~2002년 역학 조사에 기초하여 유병률을 2.4%로 제시하였다. 정신건강 클리닉을 방문하는 외래환자 중에서는 약 10% 정도가 이 장애로 진단받는다고 한다(APA, 1994).

회피적 행동은 유아기나 아동기 때부터 나타나곤 하는데, 흔히 수줍음, 낯가림, 혼자 놀기, 낯선 사람과 새로운 상황에 대한 두려움 등의 모습을 띤다. 일반적으로 아동기에 흔히 나타나는 수줍음은 나이가 들어 감에 따라 대체로 사라지는데, 회피성 성격장애를 지닌 사람은 이때에도 뚜렷한 수줍음과 사회적 회피행동을 보인다. 한편, 성인기에 이르러서야 회피성 성격장애가 나타나는 경우는 적으며, 만약 그렇다 하더라도 나이가 듦에 따라 자연스럽게 회복되는 것 같다(APA, 2013).

물론 회피성 성격장애의 경과와 예후는 치료를 받는지의

여부에 따라 달라질 것이다. 특정한 계기로 치료를 받는 경우
에는 자연발생적 경과와 다른 경로를 밟는다. 그러나 치료적
개입을 받는 경우를 제외하면, 일반적으로 볼 때 회피성 성격
장애를 지닌 사람 역시 일정한 보호 틀 내에서는 제법 사회적
관계를 맺으며 잘 기능할 수 있다. 이들 중 일부는 결혼도 하
고 자식도 낳는다. 하지만 가족관계에 한정해서는 꽤 잘 살아
갈 수 있더라도, 만약 이러한 지지체계가 잘못되면 우울이나
불안장애에 노출되기 쉽다. 이들에게는 사회공포증적 병력이
흔하고, 흔히 사회공포증이 발병하기도 한다(Sadock &
Sadock, 2007).

## 7) 공존 병리와 감별 진단

### (1) 공존 병리

인간은 사회적 동물이다. 인간의 신체적·정서적 안녕과
행복은 많은 부분 개인이 형성한 정서적 유대 및 사회적 지지
에 달려 있다. 따라서 다른 사람들과 만족스럽고 친밀한 유대
를 형성하지 못하면 많은 정신건강상의 문제를 초래할 수 있
다. 이러한 이유로 회피성 성격장애를 지닌 사람은 여러 가지
정신병리에 취약하다. 가장 대표적인 것이 사회공포증이며,
그 외에 우울장애나 불안장애에도 취약하다. 또한 알코올을

포함한 향정신성 약물에 의존하거나 이를 남용하는 문제가 발생하기도 한다. 그러면 회피성 성격장애에 흔히 동반하는 심리장애를 간단히 살펴보도록 하자.

### ① 사회공포증

회피성 성격장애에 가장 많이 동반하는 장애는 사회불안장애사회공포증다. 이 두 장애가 진단 기준에서 겹치는 부분이 많음을 고려한다면, 두 장애의 공존은 그다지 놀라운 일이 아니다. DSM-5에서 제시한 사회공포증의 진단 기준 중 대인접촉을 필요로 하는 직업 활동을 회피하는 것, 다른 사람에게 비난받거나 거부당하는 데에 대한 걱정 그리고 부적절감 때문에 새로운 사회적 상황을 회피하는 것 등은 회피성 성격장애의 진단 기준과 상당히 중복된다.

이 두 장애를 동시에 진단받는 사람들은 사회공포, 불안, 우울, 사회적 역기능에 대한 측정치에서 점수가 더 높은 경향이 있다. 이들은 대인관계 기술이 훨씬 부족하고, 일반적인 억압 수준이 더 높으며, 직업에 대한 준비가 부족하고, 교육 수준이 낮다. 직업 경력 역시 별로 좋지 않고, 평생 은둔자적인 경향을 보이며, 사회적인 관계를 발달시키지 못하는 경향도 보인다. 또한 심리치료의 예후도 좋지 않고 치료 도중에 탈락하는 비율이 높다. 이들은 상상적 치료 기법이나 실제 노출치

료에 잘 반응하지 못하는데, 이것은 아마도 강한 심리적 긴장
을 잘 견디지 못하기 때문에 그러한 것 같다(김은정, 1999).

### ② 범불안장애

범불안장애generalized anxiety disorders는 이들에게 자주 동반되
는 문제다. 이들은 항상 초조해하고 이완하지 못하며, 쉽게 긴
장하고 걱정이 많다. 식욕이 없거나 피로, 신경쇠약, 악몽 등
의 증세도 잘 보인다. 어떤 사람은 이러한 불편한 상태에 '적
응'하기도 하지만, 이로 인해 여러 가지 활동이나 관계는 제
한되고 축소될 수밖에 없다. 겉에서 볼 때 특히 두드러지는 모
습은 걱정이 많은 것이다. 이들은 늘 특정한 무서운 일이 모호
하고 확산적으로 일어날 것 같다고 걱정한다. 그러나 자신이
두려워하는 것이 무엇인지 구체적으로 보고하는 데는 어려움
을 느낀다(Millon & Davis, 1996).

### ③ 신체형 장애

회피성 성격장애 환자는 건강염려증적 증세를 보이는 경우
가 많아서, 신체에서 나는 소리나 신체의 움직임에 매우 예민
하다. 이는 아마도 사회적 관계에서 고립되고 자기 자신에게
집착하기 때문에 더욱 증폭되는 것 같다. 심각한 경우에는 신
체적 감각을 망상적으로 해석하기도 한다. 불편하고 혐오스

러운 신체적 감각은 상징적으로 볼 때 이들이 스스로에게 품고 있는 혐오감을 대변하는지도 모른다(Millon & Davis, 1996). 또한 신체적 증상은 때로 사회적 관계를 회피할 수 있는 합리적인 변명과 핑계를 제공하는 수단이 되기도 한다.

④ 우울증

이들은 겉으로는 무감각하게 보이더라도 내면에서는 흔히 깊은 슬픔과 공허감, 외로움을 경험하는 것 같다. 많은 사람이 심리치료가 진행되어 가면서 그동안 부인해왔던 애정과 인정에 대한 소망을 털어놓곤 한다. 또한 이들은 비록 다른 사람들 앞에서 드러내는 것은 아니지만, 허용적인 분위기가 형성되면 자신의 사랑스럽지 못함과 나약함, 무능함에 대해서 자기비난과 자기비하를 퍼부어 댄다. 한편, 겉으로는 조용하고 의기소침해보이는 기분부전증적인 기간이 반복적으로 나타나는 경우도 있다(Millon & Davis, 1996).

⑤ 물질의존 혹은 물질남용

회피성 성격장애를 지닌 사람은 사회적인 불편감이나 개인적인 부적절감을 알코올 및 진정제 등의 향정신성 약물로 달래기도 한다. 이러한 물질에 의존해서, 한편으로 일시적인 '화학적 용기'를 얻기도 하고 다른 한편으로 일시적인 '화학적 망각'을 달성하기도 한다.

### ⑥ 정신병

임상가에 따라서는 암묵적으로 정신병적 에피소드에 빠질 수 있는 성격구조에 회피성 성격장애를 포함하지 않기도 하지만, 또 다른 시각에서는 모든 대처 노력이 수포로 돌아가고 더 이상 자기 자신을 버틸 수 없게 되면 일시적으로 정신병적 에피소드에 빠질 수 있다고 보기도 한다(Millon & Davis, 1996).

분명히 정신병적 자폐 상태는 회피와 폐쇄의 극단적인 형태라고 할 수 있다. 이때는 자폐적 세계에 함몰되어 있기 때문에 심리적으로 다른 사람과의 관계를 아예 필요로 하지 않는다.

### (2) 감별 진단

인간관계를 회피하는 증상은 회피성 성격장애뿐 아니라 분열성 성격장애, 사회공포증, 공황장애나 광장공포증, 편집증, 조현병, 우울증, 수줍음이 많은 일반인 등 다양한 스펙트럼에서 나타날 수 있다. 그러나 각각의 경우는 회피의 이유가 다르므로 이에 근거하여 이들을 감별 진단할 수 있다.

회피성 성격장애를 지닌 사람은 사회적 불편감, 부정적 평가에 대한 두려움, 수줍음 때문에 인간관계를 회피한다. 하지만 우울증의 경우는 의욕 상실에서 기인된 부차적 현상인 경우가 많고, 공황장애나 광장공포증의 경우는 공황발작에 대한 두려움 때문인 경우가 많다. 조현병의 경우는 자폐적 세계에 함몰되어 있기 때문에 다른 사람과의 관계를 필요로 하지 않고, 편집증의 경우는 다른 사람들의 배후 동기나 의도를 의심하기 때문에 인간관계를 회피한다. 또한 수줍음이 많은 일반인의 경우는 회피성 성격장애와 비슷한 이유 때문에 인간관계에 소극적이지만 그 정도나 범위는 훨씬 덜하다.

이렇듯 회피의 이유를 자세히 살펴보면 각각의 장애를 감별 진단할 수 있으나, 특히 다음의 장애와는 감별 진단이 쉽지 않고 학자들 사이에도 논란이 많다.

① 분열성 성격장애

전술하였지만, 이 두 장애를 구분하는 것에 대해서는 논란이 많다. 일각에서는 분열성 진단이 회피성 진단의 한 변형이라는 주장도 있다. 또 다른 연구자는 동일한 차원 내에서 수준이 다를 뿐인 것으로 보기도 한다. 그러나 임상적인 관찰이나 경험적인 연구에서 나타난 결과를 놓고 볼 때 두 장애는 성격구조 차원에서 서로 다른 장애이므로 이 둘을 구별해야 한다는 주장도 있다.

DSM-Ⅲ(1980)에서부터 이 두 장애를 공식적으로 구분하고 있지만, 구분의 기준도 개정을 거듭하면서 변화하였다. 즉, DSM-Ⅲ에서는 인간관계에 대한 욕구와 소망의 유무를 기준으로 두 장애를 구분하였지만, DSM-Ⅲ-R(1987)에서는 공포감과 비판에 대한 민감성을 기준으로 두 장애를 구분하였다. DSM-Ⅳ(1994)와 DSM-5(2013)에서는 다시 친밀함에 대한 소망을 기준으로 삼아, 회피성 성격장애는 인간관계를 원하고 자신의 고독감을 깊이 느끼는 반면, 분열성 성격장애schizoid personality disorders는 사회적 고립에 만족하거나 심지어 이를 더 선호한다는 면에서 두 장애를 구분하고 있다.

　② 사회공포증
　사회공포증과의 감별 진단에 대해서도 논란이 많다. 두 장애가 독립된 진단을 필요로 할 정도로 다르지는 않다고 주장하는 연구자도 있지만, 회피성 성격장애는 사회공포증 환자에 비해서 사회적 회피 상황의 범위가 더 넓고, 불안, 우울, 대인민감성의 정도가 더 높으며, 사회 기술의 부족이 더 심하다고 주장하는 연구자도 있다(김은정, 1999). DSM-5(2013)에서도 이 두 장애가 중복되는 부분이 많음을 인정하고, 이 두 장애가 동일하거나 유사한 조건의 서로 다른 발현일 수도 있다고 공식화하였다.

### ③ 의존성 성격장애

회피성 성격장애와 의존성 성격장애는 둘 다 부적절감을 많이 느끼고, 비판에 민감하며, 애정과 보호에 대한 욕구가 강하다는 면에서 매우 유사하다. 그러나 의존성 성격장애에서는 자신이 보호와 돌봄을 받는 데 관심의 초점이 주어지는 반면, 회피성 성격장애에서 관심의 초점은 창피와 거절을 피하는 데 더 주어진다(APA, 2013).

임상적 특징으로 구분한다면, 의존성 성격장애는 공포감을 느낌에도 타인과의 관계를 유지하기 위하여 상대적으로 더 적극적인 태도를 유지하는 데 반해, 회피성 성격장애는 창피와 거절에 대한 공포감 때문에 사회적 관계를 적극적으로 회피한다는 데에 차이가 있다(Millon & Davis, 1996). ◆

# 2. 회피성 성격장애는 왜 생기는가

## 1) 생물학적 요인

타고난 기질이 회피성 성격장애의 발달에 큰 영향을 미칠 수도 있다. 정신과 의사인 Thomas와 Chess가 수행한 아동 연구에 따르면, 연구에 참여한 아동의 15%에서 "워밍업이 느린" 기질의 아동들이 나타났다. 이 아동들은 새로운 자극에 대해 편안하게 반응하거나 신속하게 적응하는 데 어려움을 보였다. 심리학자 Kagan 또한 아동의 15%가 기질적으로 억제되어 있고 수줍어하는 경향이 있음을 발견하였다. 이러한 기질은 뇌의 생물학적 구조나 기능과 일부 관련되는 것으로 보인다. 최근의 연구들은 이러한 기질을 타고난 아동이 부모, 형제, 또래와의 경험과 상호작용함으로써 후에 불안장애나 회피성 성격장애로 발전하는 경향을 지님을 시사하고 있다.

## (1) 회피의 생리적 기제

일반적으로 합의되고 있는 회피의 생리적 기제는 다음과 같다. 생물학적 견지에서 볼 때 유기체는 미래의 위험이나 처벌 같은 특정한 부정적인 결과를 예상할 때 여러 가지 수준에서 반응을 일으킨다. 즉, 생리적으로는 교감신경계의 흥분을 일으키고, 심리적으로는 불안과 공포를 느끼며, 행동적으로는 억압과 회피행동을 하게 된다.

이는 모든 종에서 공통된 반응으로, 인간이 진화 과정을 통해 유전자에 통합한 행동양식이다. 그러나 그것이 특정한 경우에 한하지 않고 병적인 반응 경향으로 경직될 때 이상 성격으로 나타난다. 회피성 성격에서는 이러한 위험과 처벌에 대한 생리적 민감성이 지나치게 높게 나타난다(Davison & Neale, 1990).

## (2) 변연계 구조 및 기능 변이 가설

최근에는 지나친 생리적 민감성에 대한 구체적인 지점으로 변연계가 거론되고 있다(Millon & Davis, 1996). 뇌 생물학의 발전을 통해 인간 뇌의 심층부에는 변연계라는 일련의 뇌 구조물이 존재하고 있고, 이것이 공포나 불안 등의 정서를 담당하는 기관이라는 것이 밝혀졌다.

회피성 성격장애를 지닌 사람의 뇌 구조 이상을 주장하는 연구자들은 회피성 성격장애를 지닌 사람의 변연계 구조 및 기능이 다른 사람들과 약간 다르다고 보았다. 이들은 다른 사람들보다 변연계의 '혐오적 중추' 내 신경세포 밀도가 더 높고 신경망의 가지가 더 풍부해서 만성 긴장 상태에 놓여 있으며, 혐오자극을 더 자주 그리고 더 강하게 느낀다는 것이다. 즉, 이들은 체질적으로 무서움이나 불안을 잘 느끼는 기질을 타고났다는 주장이다.

### (3) 교감신경계 기능 우세성 가설

다른 가능성으로 교감신경계 기능 우세성 가설이 제시되기도 한다. 우리 뇌에서 교감신경계는 위협적인 상황에 효과적으로 대처할 수 있도록 에너지를 동원하는 기능을 맡고 있어, 위협 상황이 닥치면 심장이 빨리 뛰고, 호흡이 가빠지며, 혈압이 오르고, 손에 땀이 나는 흥분된 상태가 된다. 이에 대하여 부교감신경계는 생명을 유지하기 위한 생리적 기능을 활성화시키고 에너지를 저장하는 역할을 맡는다. 따라서 심장박동이 안정되고, 완만한 호흡을 하며, 혈압을 낮추는 이완된 상태는 부교감신경계에 따른 것이다. 이처럼 교감신경계와 부교감신경계는 균형을 이루면서 작용한다(김현택, 1997).

그러나 회피성 성격장애를 지닌 사람의 경우에는 이러한 균형이 깨져 생리적 민감성 및 활성도가 교감신경계 쪽으로 기울어져 있다고 가정된다. 이들은 교감신경계가 활성화되는 역치가 낮아서 사소한 위협적 자극에도 교감신경계가 과도하게 활성화되는 경향을 보인다.

변연계 변이 가설이나 교감신경계 기능 우세성 가설 등은 대뇌생리학의 발전과 더불어 연구자들의 흥미를 자극하고 있지만, 아직까지는 이를 적절히 검증하는 연구가 수행되지 못한 상태이므로 잠정적인 가설로만 남아 있다.

## 2) 환경적 요인

앞서 언급하였듯이, 타고난 기질이나 생리적 기제는 사람의 전체 성격구조를 형성하는 데 중요한 기초가 되지만, 이것이 하나의 성격적 경향으로 발전하기 위해서는 특별한 환경 경험이 요구된다(이정태, 채영래 역, 2008).

### (1) 부모의 양육방식

Millon은 생물학적 기초를 성장 경험과 연관시켰다. 태어날 때부터 기질적으로 까다로운 사람은 유아기 때부터 짜증을 잘 내고 잘 울며 키우기가 힘들다. 이러한 기질의 아이를 키우는 부모는 아이에게 같이 짜증내고 야단치며 화를 내는 등의 반응을 보일 가능성이 크다.

부모에게 자꾸 이러한 대접을 받은 아이는 회피적 애착을 형성할 소지가 높다. 회피적 애착은 아이의 애착행동에 대해 어머니가 지속적으로 거부적인 반응을 보일 경우에 형성되는 것으로 간주된다. 이러한 경우는 보통 부모 자신의 변인보다 아이의 기질로 인해 부모의 반응이 편중되는 것의 영향이 크다.

흔히 회피적 애착을 형성한 아이는 어머니에게 매달리는 행동을 보이기를 포기하고 혼자 시간을 보내거나 노는 등 혼자만의 세계로 후퇴하게 된다. 친구를 잘 사귀려 하지 않거나 사귀려 해도 잘 안 된다. 이런 아동은 성장한 뒤에도 인간관계에 관심을 보이지 않고 친밀한 관계를 회피한다. 그리고 인간관계보다는 혼자 할 수 있는 일을 즐겨 하고 그것에서 만족을 얻는 경향이 있다(권석만, 2004).

이처럼 아이의 까다로운 기질에 대해서 부모가 거부적인 태도를 보이는 경우 외에도 부모의 과잉보호가 아이의 회피적인 행동을 강화하는 경우도 있다. 이러한 부모는 아이에게 좋지 않은 일이라도 일어날까 봐 늘 걱정한다. 또한 아이가 추운 날씨에 바깥에 나가서 놀려고 하거나 혼자서 물건을 사러 가려고 하거나 캠프에 가려고 하면 걱정이 먼저 앞선다. 그리고 아이에 대한 안전한 보호 장치가 확인되지 않는 한 아이를 자신의 곁에만 두려고 한다.

이렇게 자라난 아이는 늘 새로운 상황에 대해 위험을 내포한 것으로 생각하게 되고, 스스로 안전하다고 느끼기 위해서 낯선 사람이나 생소한 상황에 접하는 것을 피한다. 결국 세상을 위험한 곳으로 느끼는 불안한 부모는 자신이 느끼는 불안을 아이는 느끼지 않도록 하기 위해 과잉보호함으로써 아이를 자신과 똑같은 불안한 아이로 키우게 되는 것이다.

### (2) 도전 대 안전

생물학적 소인은 아동 자신의 성장 경로에 지대한 영향을 끼칠 수 있다. 불안에 대한 과민성을 타고났다면 불안을 극복하는 것은 이들에게 매우 어려운 과제가 된다. 인간은 유아기 때부터 익숙하고 안전한 환경을 벗어나서 새로운 환경을 탐색하고 도전하고자 하는 경향을 지닌다(Mahler, Pine, & Bergman, 1975).

그러나 불안에 대한 역치가 매우 낮은 유아는 새로운 환경을 탐색하는 과정에서 쉽게 불안해하고 두려움을 느낀다. 이때 경험하게 되는 지나친 불안은 매우 불쾌한 것이므로, 이들은 탐색을 통해 기쁨을 얻기보다는 고통스러운 감정을 갖기 쉽다.

따라서 이들은 적극적으로 탐색하기보다 익숙한 데 머무르려고 하고, 낯선 것을 싫어하고, 수줍어하고, 새로운 관계나 낯선 상황에서는 불안과 공포심을 나타내며, 익숙한 보호자에게 매달리는 쪽을 더 많이 선택하게 된다(Millon & Davis, 1996).

## 3) 정신역동적 이해

### (1) 수치심

기술적 진단분류체계인 DSM-IV에 맞추어 『역동정신의학』을 저술한 Gabbard(이정태, 채영래 역, 2008)는 회피성 성격장애의 중심적인 감정 경험을 수치심으로 보았다. 그에 따르면 회피는 당혹감, 무시, 거절, 실패 등에 대한 방어로 나타난다고 한다. 이때 수치심은 죄책감과는 구별된다.

죄책감guilt은 스스로 지켜야 한다고 생각하는 내적인 규칙을 위반하였을 때 벌 받을 것을 걱정하여 발생하는 감정이다. 반면에 수치심shame은 자기의 내적 기준을 충족하지 못하기 때문에 스스로를 불충분하다고 평가하여 발생하는 감정이다. 이런 의미에서 죄책감은 구조 모형에 나타나는 초자아의 양심과 더 밀접한 관련이 있고, 수치심은 자아 이상과 더 관련이 있다(이정태, 채영래 역, 2008).

Gabbard가 파악한 회피성 성격장애를 지닌 사람의 수치심은 이들의 자아상과도 관련된다. Schneider, Bleuler,

Kretschmer 등은 오래 전부터 회피성 성격장애 환자가 스스
로를 약하고 경쟁에 적합하지 않으며, 신체적으로나 정신적
으로 결함이 있고, 더럽고 정떨어지는 사람이라고 인식하는
경향이 있음을 지적하였다. 또한 이들은 심지어 자신의 신체
기능을 제어하지 못하고, 노출증적 성향이 있다고 인식하는
등 자기 자신의 여러 측면에 대하여 부끄러움을 느끼는 경우
가 많다고 하였다.

Gabbard에 따르면, 회피성 성격장애 환자는 수치심이라
는 매우 불쾌한 감정으로부터 숨고자 하는 소망 때문에 대인
관계나 자신이 노출되는 상황에서 움츠러든다고 한다. 그는
수치심을 단순히 소아기적 발달의 한순간과 관련되는 문제라
기보다는 여러 연령층에서 서로 다른 발달단계의 경험이 집적
되어 발생하는 것이라고 보았다.

그는 생의 가장 초기에 일어나는 수치심은 생후 8개월경에
나타나는 낯선 사람에 대한 불안과 더불어 나타난다고 하였
다. 또한 방광이나 장에 이상이 생겼을 때 일어나는 느낌 또는
그것에 대하여 부모가 야단을 치면 이를 내재화함으로써 생겨
나는 감정도 수치심이라고 보았다. 발가벗고 즐겁게 뛰어놀
던 두 살짜리 아이에게 엄격한 성격의 부모가 옷을 입으라고
강요할 때도 수치심이 발생할 수 있으며, 특정한 집단이나 대
인관계에서 이러한 발달단계상의 경험이 다시 재활성화될 때

역시 회피성 성격장애 환자는 수치심을 느끼게 된다(이정태, 채영래 역, 2008).

### (2) 욕구공포 딜레마

Burnham, Gladstone과 Gibson(1969)은 회피성 성격장애라는 명칭을 뚜렷이 언급한 것은 아니지만, 그들의 저서인 『조현병과 욕구공포 딜레마Schizophrenia and Need-fear Dilemma』에서 조현병의 기원을 다루며 DSM-Ⅲ가 제시한 회피성 성격장애의 두드러진 특징 및 증상이라고 할 수 있는 특성을 논의하였다. 그들은 이러한 부류의 사람들이 대상관계 차원에서 '욕구공포 딜레마'에 빠져 있다고 보았다.

Burnham 등에 따르면, 회피성 성격장애 환자는 외적인 구조와 통제에 대한 보통 이상의 욕구를 가지고 있다. 그러나 그들은 스스로 이러한 것을 마련할 수 없기 때문에 다른 사람이 심리구조와 자기조절 역할을 대신해주기를 바란다. 회피성 성격장애 환자는 그것이 사람이든 사회 구조든 이러한 역할을 해주는 대상과 접촉할 때에 심리적 존재를 유지할 수 있다. 이렇듯 대상에 대한 욕구가 과도하기 때문에 이러한 대상이 자기를 버리면 자기 존재가 파괴될 수 있다는 위험과 공포에 노출된다. 따라서 대상을 무서워하고 안심하지 못하게 된다.

이러한 욕구공포 딜레마의 고통을 해결하거나 완화시키기

위한 한 가지 방법은 대상 회피다. 회피는 다양한 방식으로 나타날 수 있다. 그 한 가지 모습은 인간관계에서 조용히 물러나 다른 사람들과 일정한 거리를 유지하고 반응하지 않으며 무관심한 척하는 것이다.

이러한 견지에서 보면, 회피는 잠재적으로 파괴적일 수도 있는 대상과의 접촉을 제한함으로써 극도로 미약한 심리 내적 평형을 유지하는 나름의 방식일 수도 있다. 다른 사람이 이들을 인간관계에 참여하도록 만드는 시도가 이들에게는 심리 내적 평형을 와해시킬 수 있는 위험을 불러일으킴으로써 중대한 침범이 될 수 있다. 이럴 때 이들이 보이는 일반적인 반응은 무반응의 장벽을 더 높이 쌓는 것이거나 갑작스러운 분노발작을 일으키는 것이다(Millon & Davis, 1996).

## 4) 인지적 이해

인지과학의 발달과 더불어 성장한 인지치료에서는 회피성 성격장애를 지닌 사람의 사고 내용이나 인지 과정에 주목하였다(민병배, 유성진 역, 2009). 회피성 성격장애를 지닌 사람은 다른 사람들에게 가까이 가고 싶으면서도 실제로는 사회적인 관계를 회피한다. 이들은 다른 사람과 관계 맺는 것을 두려워하여 사람들에게 먼저 다가가지 않으며, 다른 사람이 먼저 다가오면 자신은 뒤로 물러선다.

이들은 왜 대인관계를 두려워하고(감정) 회피하는가(행동)? 왜냐하면 이들은 '나는 부적절한 사람이다' '다른 사람들이 진짜 내 모습을 알면 틀림없이 나를 거부할 것이다' 라고 잘못 '생각' 하기 때문이다. 인지적 접근에서는 고통스러운 감정이나 부적응적인 행동의 이면에 반드시 비현실적이거나 역기능적인 생각이 존재한다고 가정한다. 따라서 인지치료에서는 개인이 지니고 있는 비합리적이고 역기능적인 신념 및 현실 경험을 지각하고 해석하는 과정에 나타나는 인지적 오류를 밝혀냄으로써, 또 이것을 체계적으로 수정해줌으로써 개인의 고통스러운 감정과 부적응적인 행동을 변화시키려 한다.

그렇다면 회피성 성격장애를 지닌 사람은 어떤 역기능적 신념을 지니고 있으며, 어떤 사고 과정상의 오류를 보이는지 알아보자.

### (1) 회피성 성격장애의 인지세계

#### ① 역기능적 신념 혹은 도식

회피성 성격장애를 지닌 사람은 자기 자신의 사회적 기능을 방해하는 만성적인 역기능적 신념이나 도식을 가지고 있다. 이러한 신념은 자신과 다른 사람들에 대한 이해 속에 잘

반영된다. 이는 아주 오랜 기간 무의식적으로 작용하면서 세
상과 자신에 대한 하나의 틀이자 시각으로서 기능한다. 예를
들면, '나는 부적절한 사람이다' '나 같은 사람을 좋아할 사
람은 아무도 없다' '나는 다른 사람과 다르다' 라는 식이다.
이는 자기에 대한 시각이다.

　한편, 다른 사람들에 대한 시각은 흔히 다음과 같다. 즉,
'사람들은 나를 좋아하지 않는다' '사람들은 나를 거부할 것
이다' 등이다. 이러한 신념은 대개 자기 자신도 자각하지 못
하는 경우가 많지만, 자신과 다른 사람들에 대한 암묵적인 시
각에서 묻어 나온다.

　어린 시절에 부모나 형제, 친구처럼 특정의 중요한 사람이
이들에게 매우 비판적이고 거부적이었을 수 있다. 이러한 관
계 속에서 일어난 자신의 경험을 해석하면서 이들은 다음과
같은 신념을 형성했을 것이다. '어머니가 이처럼 나에게 무관
심한 것을 보면 나는 보잘것없는 아이임에 틀림없다' '나는
뭔가 다르거나 결함이 있는 게 분명해. 그래서 나는 친구가 하
나도 없는 거야' '우리 부모님이 이렇게 나를 싫어하는데 누가
과연 나를 좋아하겠어?' 라는 식이다. 이들은 이렇게 형성된
내적 신념에 따라 자신의 경험을 해석하고, 이에 따라 행동함
으로써 이러한 신념을 강화하는 쪽으로 삶을 살아가게 된다.

② 거절에 대한 두려움

성인이 된 이후에 이들은 마치 어린 시절에 중요한 사람이 자신에게 그랬던 것처럼 다른 사람들도 똑같이 부정적인 방식으로 자기를 대할 거라고 잘못 기대하게 된다. 이들은 다른 사람이 자신에게서 문제점을 발견하고 자기를 거절하지 않을까 끊임없이 두려워한다. 따라서 이들은 그런 상황에서 느끼게 될 고통을 피하기 위하여 아예 사회적 상황과 관계를 회피해 버린다.

다른 사람의 거절을 예상하는 것은 그 자체로서 극도로 괴로운 슬픔을 야기한다. 이들은 다른 사람의 거절을 정당한 것으로 받아들이고, 이를 자신의 개인적 결함 때문에 일어난 일이라고 간주한다. 즉, '내가 잘못했기 때문에 그가 나를 거절했다'는 식이다. 그리고 부정적인 자기도식으로 유발된 이러한 귀인방식은 다시 역기능적 신념을 강화하여 이들이 계속적으로 부적절하고 절망적으로 느끼게 만든다. 따라서 이들은 이러한 순환 경험과 슬픔을 회피하기 위해 관계 자체를 회피하는 것이다.

③ 자기비난적인 자동적 사고

이들이 사회적 상황을 예상할 때 혹은 사회적 상황에 처했을 때 떠오르는 자동적 사고는 대체로 자기비난적인 내용을

담고 있다. 역기능적 신념이 개인의 오랜 경험을 통해서 자기
자신과 인생 전반에 대해 지니게 되는 경직된 신념을 말한다
면, 자동적 사고는 구체적인 상황에서 스치듯 떠오르는 생각
을 말한다. 즉, 자동적 사고는 개인의 일반적인 신념 혹은 도
식이 구체적인 상황에 적용되어 나타나는 것이다.

  회피성 성격장애를 지닌 사람은 구체적인 사회적 상황에서
전형적으로 다음과 같은 부정적인 자동적 사고를 보인다.

- 내가 지금 형편없는 모습을 보이고 있구나.
- 얼마나 내 말이 재미없으면 하품을 할까.
- 나를 바보라고 생각할 거야.
- 역시 나는 매력이 없어.

  또한 이들은 사회적 상황을 앞두고 다음과 같은 자동적 사
고를 보인다.

- 내가 할 수 있는 말이 아무것도 없을지 몰라.
- 바보 같은 내 모습이 다 드러나고 말 거야.
- 아무도 내가 그 자리에 끼는 것을 환영하지 않을 거야.
- 그는 내 말의 실수를 발견하고는 나를 비판해댈 거야.

이들은 자신의 이러한 생각을 충분히 자각하지 못할 수도 있다. 설사 잘 인식하고 있다고 하더라도, 이것이 얼마나 비합리적이고 비현실적인 생각인지는 깨닫지 못한다. 따라서 이들은 이러한 자동적 사고를 현실적이고 타당한 것으로 받아들이기 때문에 결국 그 상황을 회피하게 되는 것이다.

### ④ 관계에 대한 기본 가정

이들은 다른 사람들이 기본적으로 자신을 좋아하지 않을 것이라고 생각하고, 자신의 진정한 모습을 숨길 수만 있다면 다른 사람들이 속아 넘어갈 것이라고 생각한다. 따라서 다른 사람이 자신의 진정한 모습을 알 수 없도록 상대방에게 가까운 거리를 허락하지 않는다. 이와 관련된 전형적인 기본 가정은 다음과 같다.

- 사람들이 나를 잘 알게 되면 나를 좋아하지 않을 것이다.
- 사람들이 나를 알 수 있도록 하면 그들은 내가 정말로 못난 사람임을 알아차릴 것이다.
- 사람들과 너무 친해져서 진정한 나를 알도록 하는 것은 위험하다.
- 사람들이 나를 좋아하게 하려면 가장을 해야만 한다.

만약 특정한 사람과 관계를 맺더라도 이들은 항상 자신이 거부의 줄타기 선상에 놓인 것처럼 느끼기 때문에 관계를 지속하기 위하여 다음과 같은 가정을 지니게 된다.

- 항상 그를 기쁘게 해야 한다.
- 그가 원하는 모든 것을 해줄 때만 그는 나를 좋아할 것이다.
- "아니요"라고 말해서는 안 된다.
- 만약 어떠한 실수라도 하면 그는 나를 좋지 않게 볼 것이다.
- 혹시라도 내가 그의 기분을 상하게 하면 우리의 관계는 끝장날 것이다.

⑤ 다른 사람의 반응을 잘못 평가함

회피성 성격장애 환자는 다른 사람의 반응을 객관적으로 평가하는 데 문제가 있다. 이들은 흔히 중성적인 반응을 잘못 해석하기도 하고, 심지어는 긍정적인 반응도 자신을 거부하거나 비판하는 것으로 잘못 해석하곤 한다. 가령, 상대방의 얼굴에서 표정이 잘 나타나지 않으면 이들은 상대방의 무표정한 얼굴을 화난 것으로, 자신의 말에 동의하지 않는 것으로, 자신을 비판하는 것으로, 혹은 자신을 싫어하는 것으로 임의로 추

측하여 해석한다. 이들은 독심술에 능한 사람인지도 모른다.

그러나 이러한 독심술은 상대방의 마음을 정확하게 읽어내는 것이라기보다는 자신의 역기능적 신념에서 유래된 것인 경우가 많다. 상대방이 하품을 하면 이를 '나와 함께 있는 것을 지루해하고 있다'는 신호로 받아들이고, 잠시 화장실에 가면 '이제 더 이상 함께 있고 싶지 않으니 헤어지자'는 암묵적인 표현으로 잘못 해석한다. 그러므로 이렇게 상대방의 반응을 잘못 해석했을 때 부정적인 감정을 느끼고 그 자리를 회피하고 싶은 것은 당연한 귀결이 아닐 수 없다.

⑥ 긍정적인 경험을 격하시킴

이들은 항상 부정적 단서를 기대하면서 그것만 보려고 하기 때문에 긍정적인 자극에는 문외한이나 다름없다. 긍정적인 경험은 그저 우연히 일어난 것으로 취급하면서 더 이상 자기 경험에 통합하지 못하고, 스스로 예상하는 부정적인 경험만을 받아들이며 자기상을 공고화한다.

### (2) 다양한 회피행동

회피성 성격장애를 지닌 사람이 자기비하적이고 다른 사람의 거부나 비난을 예상하는 식의 사고방식을 지니고 있는 한, 이들이 사회적 관계를 회피하는 것은 당연한 결과라고 할 수 있다. 이들은 다양한 사회적 상황을 회피한다. 그러나 이들이 보이는 회피행동이 사회적 영역에만 국한되어 나타나는 것은 아니다. 사회적 회피처럼 명백하게 관찰되지는 않지만, 이들은 인지적·행동적·정서적 영역에서도 다양한 회피행동을 보인다. 그렇다면 그 밖의 영역에서는 회피행동이 어떻게 나타날 수 있는지 살펴보도록 하자.

### ① 주의분산

이들은 고통스러운 감정을 견딜 수 있는 인내력이 부족하기 때문에 이러한 감정을 일으킨 문제에 대해서 생각하기를 회피한다. 또는 고통스러운 감정에 선행한 생각에 대해서 자각해보려고 하지 않는다. 그보다는 일반적으로 주의분산 방법을 택한다. 즉, 하던 일을 멈추고 TV를 보거나 신문을 읽거나 간식을 먹거나 담배를 피우거나 어슬렁거리는 식이다.

### ② 변명과 합리화

분열성 성격장애 환자와 달리 회피성 성격장애 환자는 다른 사람들과 친해지고 더 좋은 직장을 얻는 등 장기적인 목표에 도달하고자 하는 소망을 지닌다. 그러나 이들은 이러한 소망을 실현하기 위하여 감수해야 하는 단기적인 부정적 감정에 직면하는 것을 너무도 어려워한다. 따라서 자신의 목표를 실현하기 위하여 필요한 일들에 직면하고 도전하기보다는 '나중에 하지' '너무 피곤해' '지금은 하고 싶지 않아' 등 변명과 합리화만을 잔뜩 늘어놓는다. 그리고 막상 '나중'이 되었을 때는 같은 변명을 계속하면서 또다시 회피한다.

### ③ 공상

이들은 현재의 감정과 생각, 자신이 처한 상황 등의 현실에서 자꾸 회피함으로써 자신의 참된 욕구와 소망의 실현으로부터는 계속 멀어지게 된다. 그리고 스스로의 회피행동을 통해 현실에서 차단된 인정 및 애정 욕구는 공상을 통해 채워지게 된다. 공상과 환상을 통해 이를 보충하려는 것이다. 이들은 자신의 손을 통한 노력이 아닌 공상을 통해서 언젠가는 완벽한 관계와 완벽한 성공이 자신에게 돌아올 것이라고 믿고 있는 것 같다.

그러나 공상에 몰두하고 현실을 외면할수록 실제로는 그들이 예상하는 것과 같이 부정적인 사건이 일어날 가능성이 높아지며, 이러한 순환 고리는 부정적인 방향으로 진행된다. 일상의 인간관계를 자꾸 회피하므로 상식을 배우고 익힐 기회도 차단된다. 아울러 사회적 기술과 문제해결 및 대처방식을 배울 기회도 적어진다. 다른 사람과 접촉하는 시간이 거의 없는 만큼 자기의 생각과 충동에만 몰두하는 시간이 늘어나고, 그

럴수록 점점 더 타인으로부터 멀어진다. 일종의 오류가 반복
되고 누적되는 것이다(민병배, 유성진 역, 2009; Freeman,
Pretzer, Fleming, & Simon, 1990).

④ 정서적 회피

Beck은 회피성 성격장애 환자가 부정적인 감정을 견딜 수
있는 내성이 부족하기 때문에 회피라는 방법을 택한다고 하였
다. 그에 따르면, 회피성 성격장애 환자는 부정적인 정서에 대
해서 다음과 같은 일종의 편향된 태도를 지닌다. '기분 나쁜
것은 안 좋은 일이다' '불안해해서는 안 되며, 불안을 나타내
서도 안 된다' '항상 기분이 좋아야 한다' '다른 사람들에게
는 절대로 당황하거나 기분 나쁜 일이 없을 것이다' '나는 부
정적인 감정을 감당해낼 수 없을 것이다.'

회피성 성격장애 환자는 자신이 슬픔을 느끼게 되면 거기
에 함몰되어 다시는 회복할 수 없으리라고 믿고 있는 것 같다.
이는 일종의 통제 상실에 대한 두려움과 같은 종류로 간주된
다. 그런데 이들은 타고난 내향성인데다가 자기 자신의 감정
을 끊임없이 반추하고 있기 때문에 불안과 슬픔 같은 감정에
매우 예민하다. 괴로운 감정을 너무도 잘 느끼기 때문에 역설
적으로 이러한 감정을 느끼지 않기 위하여 그것을 분명하게
자각하지 않으면서 이를 차단해버리고자 노력하는 것이다.

### (3) 회피의 역할

Skinner의 조작적 조건형성 원리에 따르면, 특정한 행동에 뒤따라 긍정적인 보상이 주어질 경우 그 행동의 빈도는 증가한다. 가령, 인사를 하고 난 후 부모에게서 칭찬을 받으면 아이의 인사하는 행동은 점차 증가할 것이다. 또한 특정한 행동에 뒤따라서 부정적인 처벌이나 고통이 감소할 때도 그 행동은 역시 증가한다. 가령, 스스로 숙제를 하면 부모님과 선생님에게 혼나지 않을 수 있음을 알게 됨으로써 숙제하는 행동의 빈도가 점차 증가한다. 학습심리학에서는 전자를 정적 강화라고 하고 후자를 부적 강화라고 한다.

일반적으로 회피행동은 부적 강화 원리에 따라 유지된다. 즉, 두려운 상황을 회피함으로써 불안이 감소하기 때문에 회피행동이 계속 유지되는 것이다. 회피성 성격장애를 지닌 사람이 보이는 사회적 회피행동은 일시적으로 불안을 감소시키는 강화재의 역할을 하기 때문에 궁극적으로는 회피행동이 만성화되고 자동화되는 결과를 낳는다.

회피행동은 개인이 지니고 있는 역기능적 신념을 강화하기도 한다. 회피성 성격장애를 지닌 사람은 회피행동 후에 다음과 같은 식으로 생각하는 경향을 보인다. '내가 그 상황을 피했기 때문에 별일이 일어나지 않았다' '만일 그 상황에서 내 모습이 있는 그대로 노출되었더라면 그 사람은 결국 나를 떠나고 말았을 것이다.' 결국 회피행동은 자신의 신념을 확증하는 또 하나의 기회를 제공하게 되는 것이다.

또한 이들은 자신의 회피행동을 어느 정도 자각한다. 따라서 회피하는 자기 자신의 모습을 보며 스스로를 '나는 역시 부적절한 사람이야' '나는 사람 만나는 것조차 겁내는 못난 사람이야' 라는 식으로 비난한다. 결국 회피행동은 자신의 부적절성과 결함에 대한 신념을 또 다른 방식으로 강화하게 된다. ◈

# 3. 회피성 성격장애를
어떻게 치료할 것인가

## 1) 전반적인 치료 지침

일반적으로 성격장애 치료는 쉽지 않다. 성격장애에 대한 약물요법의 효과는 대부분 결론이 내려지지 않은 상태다. 특히 어려운 경우는 이상 성격의 소유자가 자신의 행동을 '자연스러운' 것으로 여기고 고쳐야 할 문제로 여기지 않을 때다.

성격장애를 지닌 사람은 상담실을 찾는다 하더라도 상담자가 우울이나 불안 같은 증상만 마술적으로 제거해주기를 원할 뿐, 이러한 증상을 낳는 자신의 성격이 문제임을 통감하고 각고의 고통을 감내하더라도 이를 변화시켜야겠다는 문제의식은 좀처럼 갖지 않는다.

### (1) 치료적 관계 맺기

회피성 성격장애를 치료하는 데 있어 곤란한 부분은 이들이 치료 자체도 회피한다는 점이다. 치료는 이들이 꼭 수행해야 하는 일상의 범위를 넘어설 뿐만 아니라 치료자라는 사람과의 접촉을 필요로 하며, 때에 따라서는 수치심과 당황스러움을 느낄 수 있는 소지를 대단히 많이 지닌다. 따라서 이것은 이들에게 굉장한 도전이 아닐 수 없다.

치료자에게도 이들을 치료하는 것은 상당한 도전이다. 우선 치료 자체를 유지시키는 것이 그렇다. 나아가 회피성 성격장애를 지닌 사람은 치료자가 자기를 좋게 생각하는지 나쁘게 생각하는지 끊임없이 시험해보려고 하기 때문에 아무리 치료 회기가 오래 지나도 치료 시간의 주제가 여기에 한정되기 쉽다. 그러나 일단 굳건한 신뢰관계가 형성되면 상당한 발전을 이룰 수 있으므로 충분한 시간을 두고 환자를 기다려주는 인내심을 발휘해야 하고, 이 과정을 지루하지 않게 이끌어갈 수 있도록 효과적인 기법도 잘 알고 있어야 한다(Millon & Davis, 1996).

성장기에 가족으로부터 받은 해로운 대접 등 외상적 경험을 치료 시간에 다루기란 여간 어려운 일이 아니다. 이는 자기 가족을 지키고 보호하며 그들에게 충실하고자 하는 환자의 소망 그리고 원망하고 싶고 미워하고 싶고 드러내 재검토하고 싶은 환자의 소망이 갈등을 일으키기 때문이다. 이러한 갈등과 저항을 이겨내는 치료자의 유일한 수단은 변함없는 지지와 이해하려는 성실한 자세뿐일 것이다. 어쩌면 전 치료 과정을 통하여 이러한 태도만이 회피성 성격장애 환자가 그 자신의 껍질을 뚫고 '밖으로' 나오게 할 수 있는지도 모른다.

회피성 성격장애를 지닌 사람이 치료를 받으러 올 때는 대개 우울이나 불안, 알코올 중독, 분노 등의 문제로 오곤 한다. 치료자는 이때 회피성 성격장애라는 성격 진단을 내리기 위해 환자의 대인관계 양상을 주의 깊게 살펴보아야 한다. 다른 사람의 애매모호한 행동을 거부로 해석하는 경향이 있는지, 그것이 거부인지 확인하기 위해서 이에 직면하기보다는 관계를 회피하거나 그만두는 경향이 있는지 등을 특히 잘 살펴보아야 한다(Freeman, Pretzer, Fleming, & Simon, 1990).

### (2) 치료의 목표

회피성 성격장애 환자를 대상으로 하는 심리치료의 궁극적인 목표는 환자 자신이 모욕과 거절, 실패의 모험이 가득 차 있다고 보는 '세상' 속으로 스스로 나아가게끔 격려하는 것이다(Sadock & Sadock, 2007). 또 다른 표현을 빌자면, 괴로움과 즐거움, 적극성과 소극성의 균형을 재설정하게 하는 것이다(Millon & Davis, 1996).

### ① 딜레마의 해결과 새로운 균형 정립

분열성 성격장애 환자와 회피성 성격장애 환자는 둘 다 즐거움을 경험하는 데 뚜렷한 어려움을 갖는다. 그러나 분열성 성격장애 환자는 전반적으로 감정에 무디기 때문에 즐거움을 경험하는 데 제한이 있고 그만큼 정서적 고통도 덜 받는 데 비하여, 회피성 성격장애 환자는 수치심과 모욕감을 피하기 위해 전반적인 인간관계를 회피하였지만 바로 그 때문에 인간관계에서 얻을 수 있는 여러 가지 기쁨 역시 얻지 못해 고통스러워한다. 따라서 이들은 수치심과 모욕감은 피할 수 있지만, 고독과 외로움은 피할 수 없다. 이들이 적극적으로 자신의 사회적 상황을 회피하는 양상을 감소시키고 인간관계에서 얻는 즐거운 자극에 좀 더 눈을 돌릴 수 있게 스스로를 자극하지 않는 한, 이 축에서 새로운 균형을 정립하기는 어려울 것이다 (Millon & Davis, 1996).

### ② 회피의 극복

변화는 고통을 자각하는 데에서부터 출발한다. 심리치료는 교통사고 환자가 외과의에게 자신의 신체를 전적으로 내맡기듯, 치료자의 손에 자신의 삶 전체를 내맡기는 과정이 아니다. 자신의 고통스러운 노력을 통하여 전반적인 심리구조를 스스로 재조직화하려는 환자 자신의 노력이 무엇보다 중요하다.

이를 위해서는 그러한 길을 걷고자 하는 환자 자신의 동기가 절실히 요구된다.

변화에의 동기는 문제를 자각하는 데서 오는 괴로움과 한 걸음 한 걸음 변화를 맛보는 데서 오는 즐거움 양쪽으로부터 온다. 따라서 치료자는 환자가 그 자신의 고통에 직면하지 않기 위하여 구사하는 모든 종류의 회피를 방관하거나 내버려둘 수 없다. 이러한 회피는 온갖 방법으로 일어날 수 있다. 따라서 치료자는 환자 자신이 스스로 회피하고자 했던 감정이나 생각 혹은 상황에 직면할 수 있도록 용기를 북돋아주어야 한다.

자기패배적인 회피방식에서 벗어나 두려운 상황에 점진적으로 조금씩 직면해 나아가는 과정을 거칠 때, 한편으로는 두려움도 따르겠지만 다른 한편으로는 변화의 기쁨도 맛보게 될 것이다. 또한 자신이 회피하고자 했던 '호랑이' 같은 상황이나 감정, 생각이 막상 그것에 직면해보면 '종이호랑이'였음을 깨닫게 될 것이다. 더불어 자신의 '생각' 속에 막연히 존재했던 거절이나 비난의 위험이 '현실'에는 존재하지 않을 수도 있음을 점차 깨달아갈 것이다. 이는 직면을 통하지 않고는 이룰 수 없는 일이다.

## 2) 구체적인 치료 전략

### (1) 대처 기술 훈련

모든 종류의 심리장애를 겪고 있는 사람들을 치료하는 데 있어서 가장 중요한 것 중의 하나는 대처 기술을 증진시키는 일일 것이다. 이는 마치 현실의 거친 장을 살아가는 사람에게 도구를 쥐여주는 일과 같다. 회피성 성격장애 환자는 현실에 부딪혀 대처 기술을 연마해본 경험이 거의 없다. 이들은 흔히 자기조절을 위하여 공상에 의지한다. 하지만 공상은 고립과 마찬가지로 문제해결에 도움이 안 되고 심리구조의 공고화에도 기여하지 않는다. 내담자에게 현실의 문제에 대한 해결 능력이 없을 때는 치료자가 교육적으로 행동하는 것이 바람직한 경우도 있다(Millon & Davis, 1996).

인간관계를 잘 맺으려면 우선 대화할 때 상대방의 눈을 쳐다보고 경청하며 상냥하게 반응해야 한다. 또 적절하게 자기 의견을 개진하고 상대방의 의견도 들어야 한다. 사회기술 훈련의 가장 중요한 원리는 상대방에게 자기가 어떻게 보이는지에 편집증적으로 집착할 것이 아니라 상대방을 믿고 그 사람과의 관계의 흐름에 자기를 맡길 수 있어야 한다는 것이다.

### (2) 역기능적 신념의 수정

앞에서도 살펴보았듯이, 회피적 성향의 환자는 자신과 타인 그리고 인간관계에 대해서 특정한 비합리적이고 역기능적인 신념을 지닌다. 이러한 신념은 구체적인 상황에서 자동적 사고의 형태로 나타나게 된다. 회피성 성격장애 환자에게서 나타나는 자동적 사고는 주로 자기에 대한 비난적인 사고, 다른 사람의 반응에 대한 부정적인 기대나 잘못된 해석 등의 내용을 보이는 경우가 많다.

인지치료적 접근에서는 이러한 부정적인 자동적 사고가 부정적인 감정과 회피행동의 원인이 된다고 가정한다. 따라서 이 접근에서는 먼저 구체적인 상황에서 나타나는 환자 특유의 부정적인 자동적 사고를 찾아내어, 이러한 생각이 과연 얼마나 현실적이고 합리적인지를 함께 검토해가면서 환자의 비현실적인 생각을 보다 현실적이고 타당한 생각으로 바꾸어가게 된다. 이때 소크라테스식 문답법, 행동실험, 역할연기 등 인지치료의 다양한 표준적 기법을 회피성 성격장애 환자에게도 그대로 적용할 수 있을 것이다(민병배, 유성진 역, 2009).

### (3) 약물치료

우울이나 불안 등의 증상이 심하고, 이러한 부차적 증상이 환자의 인간적 성장을 가로막고 있는 것이 확실할 때에는 약물치료도 고려해볼 수 있다.

주된 증상이 불안, 공포 등 자율신경계의 과잉흥분과 관련될 때는 이를 경감시키기 위해서 아테놀롤atenolol 같은 베타 차단제를 쓰기도 한다(Kaplan, Sadock, & Grebb, 1994). 베타 차단제는 스트레스 상황에서 분비되는 아드레날린 호르몬에 대해 작용하는 약물이다. 예를 들어, 무대공포증이 있는 연주가는 무대에만 서면 심장이 쿵쾅거리고 진땀이 나며 온몸이 떨린다고 한다. 이것은 아드레날린에 의해 일어나는 신체 증상이다. 이때 베타 차단제는 심장의 아드레날린 수용기를 차단하여 심장박동 항진 효과를 억제시킴으로써 심장이 평온하게 뛰게 하고 떨리거나 진땀이 나지 않게 만든다.

그러나 이 약물을 자주 사용하는 것은 부작용 및 중독 등의 위험을 수반하므로 보다 자연스러운 치료 방법이 필요하다. 그 대안으로서 현재 각광받고 있는 것이 이완 기법이다. 이완은 교감신경계 활동이 전반적으로 감소된 심리 상태로, 베타 차단제와 동일한 효과를 지니면서 전반적으로 스트레스에 대한 뇌의 반응을 변화시킨다. 근육이완 훈련, 참선, 요가, 명상, 바이오피드백 등이 모두 이완반응을 얻기 위한 좋은 방법이다(김현택, 1997).

## 3) 저항과 위험요인

회피성 성격장애 환자는 다른 사람들에 대한 경계와 불신감을 지니고 있기 때문에 치료적 관계를 유지하려는 동기가 상당히 적을 수 있다. 비록 치료를 받기로 한다고 하더라도, 이들은 치료자의 감정이나 동기 면에서의 순수성 및 진실성을 떠보려는 다양한 시도를 할 수 있다. 변화가 오기 훨씬 전에 치료를 종결하려고 하기도 한다.

이러한 치료로부터의 철수 현상이 꼭 의심과 회의에서 오는 것 같지는 않고, 아마도 일반적인 대인관계 양상이 치료 장면에서도 반복되는 측면이 강한 것 같다. 치료자에게 또다시 거절받거나 비판받을까 봐 두려워하고, 고통스러운 기억과 감정에 직면함으로써 야기될 수 있는 수치심이나 부끄러움에 맞닥뜨리고 싶지 않은 것이다.

따라서 회피성 성격장애 환자를 대하는 치료자는 환자가 치료 과정을 너무 어렵거나 너무 빠르다고 느끼지 않도록 인내심을 가지고 치료를 이끌어야 한다. 무엇보다 치료자는 부드러우면서도 조심스럽고, 조심스러우면서도 진실한 신뢰관계를 형성하도록 노력해야 한다. 치료자의 말이나 행동, 비언어적 단서가 알게 모르게 환자에게 거부와 비판의 신호로 잘못 전달될 수 있음을 인식하고, 치료자와 환자 사이에서 이루어지는 의사소통에 예민할 필요가 있으며, 이를 직접적인 주제로 다루어갈 필요가 있다.

치료자는 점차 환자의 긍정적 속성으로 주의를 돌리고, 이를 통해 환자 스스로 자기가치감과 안정감을 형성할 수 있게 도와야 한다. 이때 치료 과정은 오랫동안 지속된 불안과 분노를 재작업하고, 불신의 깊은 뿌리를 의식화하며, 궁극적으로는 이를 객관적으로 재평가할 수 있도록 천천히, 또 부드럽게 진행되어야 한다.

그러나 만족스러운 치료관계가 그 자체로서 치료의 목적은 아니다. 그것은 이후의 과제를 학습하고 헤쳐 나가기 위한 토대가 되는 것이다. 아울러 치료자는 전 과정을 통하여 환자의 지적인 이해만으로는 문제해결에 충분치 않으며, 행동적 변화가 반드시 뒤따라야 함을 명심해야 한다(Millon & Davis, 1996). ◆

# 참고문헌

권석만(1997). 이상심리와 심리치료. 현대 심리학의 이해. 서울: 학문사.

권석만(2004). 인간관계의 심리학. 서울: 학지사.

권석만(2013). 현대이상심리학. 서울: 학지사.

김은정(1999). 사회공포증 집단의 사회적 자기처리 및 안전행동. 서울
대학교 대학원 박사학위 논문.

김현택(1997). 행동에 대한 생물학적 이해. 현대 심리학의 이해. 서울: 학
문사.

김현택, 조선영, 박순권 공역(1997). 생리심리학의 기초[*Foundations
of Physiological Psychology*]. N. R. Carlson 저. 서울: 시그
마프레스. (원저는 1992년에 출판).

민병배, 유성진 공역(2009). 성격장애의 인지치료[*Cognitive Therapy of
Personality Disorders*]. A. T. Beck, A. Freeman, & D. D.
Davis 저. 서울: 학지사. (원저는 2006년에 출판).

심혜숙(1995). 가족치료. 현대 상담 · 심리치료의 이론과 실제. 서울: 중앙
적성출판사.

원호택 역(1996). 우울증의 인지치료[*Cognitive Therapy of Depression*].
A. T. Beck 저. 서울: 학지사. (원저는 1979년에 출판).

윤순임(1995). 정신분석 치료. 현대 상담 · 심리치료의 이론과 실제. 서울:
중앙적성출판사.

이부영(1998). 분석심리학: C. G. Jung의 인간심성론(개정증보판). 서울:

일조각.

이정균(2000). 정신의학(제4판). 서울: 일조각.

이정태, 채영래 역(2008). 역동정신의학(제4판)[*Psychodynamic Psychiatry in Clinical Practice, 4th ed.*]. G. O. Gabbard 저. 서울: 하나의학사. (원저는 2005년에 출판).

홍숙기(1997). 성격. 현대심리학의 이해. 서울: 학문사.

홍숙기(2000). 성격심리(상). 서울: 박영사.


Adams, H. E., & Cassidy, J. F. (1993). The classification of abnormal behavior. In *Comprehensive Handbook of Psychopathology* (2nd ed.). New York: Plenum Press.

American Psychiatric Association (2013). *Diagnostic and Statistical Manual of Mental Disorders* (5th ed.). Arlington, VA: American Psychiatric Association.

Beck, J. S. (1995). *Cognitive Therapy: Basics and beyond.* New York: Guilford Press.

Blashfield, R. K., & Davis, R. T. (1993). Dependent and histrionic personality disorders. In *Comprehensive Handbook of Psychopathology* (2nd ed.). New York: Plenum Press.

Burnham, D. L., Gladstone, A. I., & Gibson, R. W. (1969). *Attachment and loss, Vol. 1: Attachment.* New York: Basic Books.

Freeman, A., Pretzer, J., Fleming, B., & Simon, K. M. (1990). *Clinical Applications of Cognitive Therapy.* New York: Plenum Press.

Garfield, S. L. (1989). *The Practice of Brief Psychotherapy.* New

York: Pergamon Press.

Kaplan, M. (1983). A woman's view of DSM-III. *American Psychologist, 38.*

Kohut, H. (1971). *The Analysis of the Self: A systematic approach to the psychoanalytic treatment of narcissistic personality disorders.* New York : International Universities Press.

Mahler, M., Pine, F., & Bergman, A. (1975). *The Psychological Birth of the Human Infant.* New York: Basic Books.

Mentzos, S. (1984). *Neurotische Konfliktverarbeitung.* Frankfurt: Fischer Taschenbuch Verlag.

Millon, T., & Davis, R. D. (1996). *Disorders of Personality: DSM-IV and beyond.* New York: John Wiley & Sons.

Millon, T., & Everly, G. S. (1985). *Personality and Its Disorders: A biosocial learning approach.* New York: John Willey & Sons.

Oldham, J. M., & Morris, L. B. (1995). *New Personality Self-portrait.* New York: Bantam Books.

Sadock, B. J., & Sadock, V. A. (2007). *Kaplan & Sadock's Synopsis of Psychiatry* (10th ed.). Lippincott: Williams & Wilkins.

Spizer, R. L., Williams, J. B. W., Kass, F., & Davies, M. (1989). National field trial of the DSM-III-R diagnostic criteria for self-defeating personality disorder. *American Journal of Psychiatry, 146.*

Sprock, J., Blashfield, R. K., & Smith, B. (1990). Gender weighting of DSM-III-R personality disorder criteria. *American Journal of Psychiatry, 147.*

# 찾아보기

◎ 저자 소개

민병배(Min, Byoungbae)

서울대학교 심리학과를 졸업하고 동 대학원에서 임상심리학 전공으로 박사학위를 받았다. 서울대학교병원에서 임상심리연수원 과정을 수료하였고, 임상심리전문가 자격과 정신보건임상심리사(1급) 자격을 취득하였다. 한국임상심리학회 회장과 한국인지행동치료학회 회장을 역임한 바 있고, 1993년부터 현재까지 마음사랑인지행동치료센터에서 심리치료자로 일하고 있으며, 현재 용문상담심리대학원대학교 총장으로 재직하고 있다. 주요 저 · 역서로는 『노년기 정신장애』(공저), 『강박성 성격장애』(공저), 『한국판 기질 및 성격검사 매뉴얼-성인용, 청소년용, 아동용, 유아용』(공저), 『성격장애의 인지치료』(공역), 『마음에서 빠져나와 삶 속으로 들어가라』(공역) 등이 있다.


남기숙(Nam, Kisook)

서울대학교 심리학과를 졸업하고 동 대학원에서 임상심리학 전공으로 박사학위를 받았다. 서울대학교병원에서 임상심리연수원 과정을 수료하였고, 임상심리전문가 자격과 정신보건임상심리사(1급) 자격을 취득하였다. 서울대학교 공과대학 전기공학부 상담원으로 재직한 바 있고, 2003년부터 현재까지 서울정신분석상담연구소 연구원으로 재직하고 있다. 주요 역서로는 『남녀관계의 사랑과 공격성』(공역), 『약 없이 우울증과 싸우는 50가지 방법』(공역), 『경계선 장애와 병리적 나르시시즘』(공역), 『전이초점 심리치료 입문』(공역) 등이 있다.

ABNORMAL PSYCHOLOGY 24
## 의존성 성격장애와 회피성 성격장애
기대고 싶을수록 두려움도 커진다

Dependent Personality Disorder and
Avoidant Personality Disorder

2016년 3월 30일 2판 1쇄 발행
2024년 3월 25일 2판 6쇄 발행

지은이 • 민병배 · 남기숙

펴낸이 • 김 진 환

펴낸곳 • (주) **학지사**

　　　　04031 서울특별시 마포구 양화로 15길 20 마인드월드빌딩 5층

대표전화 • 02) 330-5114　　　팩스 • 02) 324-2345

등록번호 • 제313-2006-000265호

홈페이지 • http://www.hakjisa.co.kr
인스타그램 • https://www.instagram.com/hakjisabook

ISBN 978-89-997-1024-7 94180
ISBN 978-89-997-1000-1 (set)

정가 9,500원

## 출판미디어기업 **학지사**

간호보건의학출판 **학지사메디컬** www.hakjisamd.co.kr
심리검사연구소 **인싸이트** www.inpsyt.co.kr
학술논문서비스 **뉴논문** www.newnonmun.com
원격교육연수원 **카운피아** www.counpia.com